Inhalt

Vorwort

Politische Bildung bei ARBEIT UND LEBEN – Mitarbeiter der Bildungsvereinigung ARBEIT UND LEBEN Niedersachsen in Wolfsburg ziehen ein Resümee

Dieser Band liefert anlässlich des Ausscheidens von *Guérin Steichen* Darstellungen der politischen Bildungsarbeit eines gewerkschaftsnahen Bildungsträgers in einer relativ jungen Industriestadt, der Bildungsvereinigung ARBEIT UND LEBEN Niedersachsen in Wolfsburg, und stellt sie zur Diskussion. Die 1938 mit dem KdF-Werk begonnene und nach dem Zweiten Weltkrieg gegründete Stadt Wolfsburg sowie die umliegenden meist ländlich geprägten Regionen sind nahezu ausschließlich von der Automobilindustrie abhängig. Diese Rahmenbedingungen prägen sowohl die politische Bildungsarbeit im Allgemeinen als auch die bei ARBEIT UND LEBEN tätigen pädagogischen Leiter sowie Referentinnen und Referenten im Speziellen, die als Teamerinnen und Teamer den Diskurs mit den Arbeitnehmerinnen und Arbeitnehmern initiieren und begleiten. Politische Bildung in Wolfsburg gilt vor allem Arbeitnehmerinnen und Arbeitnehmern, die in diesen Verhältnissen Fragen stellen und sich orientieren wollen.

Die Autoren dieses Bandes waren selbst jahrzehntelang, haupt- wie nebenberuflich, als Referenten bei ARBEIT UND LEBEN engagierte Kollegen und sind es teilweise noch. Sie sind den Weg in der Bildungsvereinigung gemeinsam mit Guérin Steichen gegangen, der die hauptamtliche pädagogische Leitung über 30 Jahre wahrnahm, von 1980 bis 2013. Dieser Weg war ein ganz bestimmter, der in der Bildungsarbeit der meisten europäischen Länder so nicht bekannt ist, und eine politische Bildung verfolgt, die ihr Selbstverständnis zuallererst aus der wechselvollen Geschichte der Arbeiterbewegung in Deutschland ableitet. Handlungsfähigkeit durch Bildung steht somit in den Beiträgen im Mittelpunkt.

Gerd Bruder beschreibt in seinem Beitrag die Anfänge der politischen Bildung in Wolfsburg und die Schwierigkeiten, eine politische Arbeiterbildung als eigenständige gesellschaftliche Aufgabe durchzusetzen. Er selbst war nach Verabschiedung des Bildungsurlaubsgesetzes bis Ende der 70er

Jahre als einer der wesentlichen Akteure an der Entwicklung der politischen Bildung in Wolfsburg beteiligt, bis 1980 auf der neu geschaffenen Stelle des pädagogischen Leiters und anschließend als DGB-Kreisvorsitzender für Wolfsburg und Gifhorn: Es mussten eine funktionierende Infrastruktur, die Bildungsarbeit erst ermöglichte, aufgebaut und Konzepte, die eine authentische Arbeiterbildung in Gang setzen sollte, erarbeitet werden. Ausgehend von Negts „Soziologische Phantasie und exemplarisches Lernen" und seinen betriebsbezogenen Konzepten, beschreibt Bruder die „Politisierung" der Bildungsarbeit in Wolfsburg: Unter der Leitung von Guérin Steichen wurden die durch die Verabschiedung des Bildungsurlaubsgesetzes erweiterten inhaltlichen wie methodischen Möglichkeiten der Bildungsarbeit genutzt, um etwa die künstlich hergestellte Trennung von Arbeit und Freizeit zu thematisieren oder bislang vernachlässigte Gruppen wie italienische Migranten oder Gehörlöse einzubeziehen und durch Bildung handlungsfähig zu machen.

Guérin Steichen widmet sich der Bedeutung der politisch-kulturellen Bildungsarbeit als eine Form der politischen Bildung. Von der Architektur kommend und sich auf Oskar Negt wie Paolo Freire beziehend, stellt er dar, wie durch politische Bildungsarbeit der „ganze Mensch als Experte seines Lebens" in den Mittelpunkt gestellt werden könne und müsse und dass der politischen Bildung keine belehrende, sondern eine orientierende Aufgabe zukomme – und dass diese Aufgabe größer geworden sei. Denn mit dem öffentlich gefeierten Zuwachs an Freiheit, vor allem durch den Fall der Mauer und die Auflösung der europäischen Blockteilung, gehe der Abbau sozialstaatlicher Rechte ebenso wie die weitere Kapitalisierung des Bildungswesens einher: Das europäische Bildungswesen folge wirtschaftlichen Effizienzansprüchen, wobei der Markt vorgebe, was als Wissen wert hat. Dem hält Steichen die politische Bildungsarbeit als Alternative entgegen, die die Menschen in die Lage versetzen könne, verlorenes Selbstvertrauen zurückzugewinnen, Orientierung in einer komplexen Welt der Desorientierung zu erlangen und Selbstwirksamkeit im Kleinen wie im Großen zu entfalten.

Karsten Meier beschreibt die Bildungsarbeit von ARBEIT UND LEBEN Niedersachsen in Wolfsburg konzeptionell. Sie versteht sich als politisch-kulturelle Bildungsarbeit, die Teilnehmer(innen) der Seminare nicht nur als Produkte ihrer Verhältnisse sieht, sondern vor allem als deren Gestalter. Entsprechend stehe nicht die reine Stoffvermittlung im Fokus der politisch-kulturellen Bildungsarbeit, sondern der Austausch untereinander, das Mitteilen von Erfahrungen, die Identifikation von Gemeinsamkeiten, das Begreifen von Zusammenhängen und das gemeinsame Erarbeiten „politische(r), alltagsrelevante(r) Handlungsorientierungen" – sprich „neugierig-praktische Weltentdeckung" statt passiver Betrachtung der Welt. Mit Blick auf Antonio Gramsci kritisiert Meier den bürgerlichen Kulturbegriff und hält ihm einen im Rahmen der politische Bildung entwickelten entgegen, der den Wirkungszusammenhang der Entfremdung in einem Herrschaftssystem nicht ausklammert, sondern in den thematischen Mittelpunkt rückt. Der Autor beschreibt, wie Professor Georg Kiefer mit Meier und seinen Kommilitoninnen und Kommilitonen an der Hochschule für bildende Künste in Braunschweig ein Kulturschema entwickelte, um die Begriffe „Arbeit", „Kultur" und „Ideologie" in Beziehung setzen und und diskutieren zu können. Er zeigt auf, dass eine Gesellschaft, die immer mehr Produkte mit immer weniger Menschen in immer kürzerer Zeit herstellt, eine neue kulturelle Dimension aufstoßen muss. Der Umgang mit Zeit ist für Meier ein kulturpolitisches Schlüsselthema: Wie gehen wir mit der gewonnen Zeit um, wofür nehmen wir sie in Anspruch und vor allem wer nimmt sie in Anspruch?

Einen interkulturellen Zugang in der politischen Bildung aus der Sicht von Arbeitsemigrant(inn)en vermittelt der Beitrag von *Rocco Artale*. Gerade er hat in Wolfsburg das Thema Migration kommunal- und bildungspolitisch entscheidend mitgeprägt. Dem Autor, einst selbst 1962 als Arbeitsemigrant aus den italienischen Abruzzen nach Wolfsburg gekommen und dort heimisch geworden, liegt das Zusammenleben von deutschen und italienischen Erwerbsabhängigen in Wolfsburg besonders am Herzen. Politische Bildung im Zusammenhang mit Migrationserfahrungen zielt – so Artale – stets auch auf die Überwindung von nationalistisch, ethnozentristisch und monokulturell bedingten Blickverengungen. Das Bild der lediglich mit einem Handkoffer ankommenden und bald wieder abreisenden Arbeitsemigranten ist längst der Aufforderung nach einer zukünftig glaubwürdigen interkulturellen Politik gewichen, auf die weder Demokratie noch Kultur verzichten können.

Stephan Krull, der Mitte der 1980er Jahre im Wolfsburger Werk seine Arbeit aufnahm und Betriebsrat im Volkswagenwerk Wolfsburg war, beginnt seinen Beitrag mit der Beschreibung, wie er und seine Kollegen und Kolleginnen durch Zugehörigkeitsnummern bei Arbeitsantritt neue Identitätsprägungen erhielten und auf ein Proletariat trafen, das sich außerhalb des Werkes durch Protzerei hervortat. Schon deshalb sei politische Bildungsarbeit in diesem Umfeld eine Herausforderung: „Politische Bildungsarbeit", so Krull, „ist ohne Tabu-Bruch in Wolfsburg fast nicht möglich." Die meisten Themen würden ein schwer durchschaubares Eigenleben führen, egal ob es um den „genialen Techniker" Ferdinand Porsche, die Menschheitsverbrechen, an denen das Unternehmen und seine Vertreter während der Nazi-Zeit beteiligt waren, den rasanten Wiederaufstieg des Autobauers an die Weltspitze, die symbiotische Beziehung der Arbeitnehmer zu „ihrem" Werk oder die Interessenkongruenzen von Unternehmensvertretern, Arbeitnehmervertretungen und kommunaler wie landesbezogener Politik geht, die bei allen sichtbar ausgetragenen Divergenzen als Erfolgsmodell herangezogen werden. Krulls Beitrag bringt das Dilemma der politischen Bildung in Wolfsburg zur Sprache, einem immer noch weitverbreiteten Nichtwissen bzw. interessegeleiteten Halbwissen gesellschaftskritische Reflexion und eigene Meinungsbildung entgegenzusetzen. Wie kaum in einer anderen Stadt bedeute in Wolfsburg über politische Bildungsarbeit zu reflektieren, Zeit- und Gesellschaftsgeschichte in den Fokus zu stellen. Dabei geht Krull nicht nur auf die vielen historischen Belastungen des Unternehmens und der Stadt ein, sondern auch auf die aktuellen Konfliktfelder in Wolfsburg. Für ihn ist die Loslösung von Kontinuitäten, die die Akteure bei aktuellen Problemen immer wieder einholen, nur durch eine offene und kritische Hinterfragung von Geschichte und Gegenwart möglich.

Mit der Frage, welche Aufgabe politische Bildungsarbeit in Zeiten des Wohlstands zukomme, beschäftigt sich der Beitrag von *Gerhard Wysocki*. Angesichts der Wiedervereinigung zweier, in unterschiedliche Gesellschaftssysteme geteilter deutscher Staaten, angesichts des hohen materiellen

Wohlstandes in Deutschland und angesichts der neuen Globalisierungsanforderungen könne man glauben, dass politische Bildung mit ihrem aus dem zeitgeschichtlichen Zusammenhang erwachsenen Selbstverständnis als ein Fossil der westdeutschen Nachkriegsära ad acta gelegt werden könne. Erst recht in der Stadt Wolfsburg, deren Name mit dem beispiellosen Wachstumserfolg eines multinationalen Konzerns verbunden ist, als Synonym für den (west-)deutschen Wiederaufstieg an die Spitze der internationalen Arbeitsteilung. Arbeitnehmeransprüche und -rechte scheinen durch Betriebsräte und Metallgewerkschaft beispielhaft geregelt, durch eine spezifische Mitbestimmungskonzeption gesichert und durch das Unternehmen selbst gefördert zu sein. Gleichwohl beweist die Zweigstelle von ARBEIT UND LEBEN in Wolfsburg, wie wichtig es ist, die politische Bildungsarbeit auch in einer Wohlstandsmetropole aufrechtzuerhalten. Wysocki beschreibt mit Bezug auf das frühere IG-Metall-Vorstandsmitglied Preiss, wie die politische Bildung, sich ursprünglich auf Klassenkampf und Antifaschismus gründend, auch die kulturellen Bereiche der Arbeits- und Freizeitwelt für sich entdeckt habe. Er zeigt aber auch auf, dass sie ihre politische Grundhaltung nicht aufgab. Keiner der kulturellen Bereiche sei wertfrei, sondern werde in der politischen Bildung unter den jeweiligen konflikthaften Bedingungen thematisiert. Die Herrschaft einer besitzenden Minderheit über eine besitzlose Mehrheit habe, genährt durch Wachstum und Weltmarktführerschaft, nur ihr Gesicht verändert.

Alle Autoren vertreten die Position, dass politische Bildung von abhängig arbeitenden Menschen heute wie vor hundert Jahren nur dann gelingt, wenn die eigenen lebensgeschichtlichen Erfahrungen die Grundlage der Erkenntnisse sind. Der am Leben orientierte Praxisbezug ist, jenseits von Geschmackspräferenzen, der Ausgangspunkt für die Entdeckung gemeinsamer Interessen. Vor diesem Hintergrund sehen die Autoren die Theoriebildung als erkenntnisproduzierende Methode nicht nur als notwendig an. Die Sammlung von Erkenntnissen auf unterschiedlichen Gebieten ermöglicht eine Handlungsorientierung, die den Lebensinteressen von Arbeitnehmern tatsächlich entspricht. Diese auf Authentizität beruhende Orientierung muss auch in Zukunft der Leitfaden für politische Bildung sein, um das eigene Profil weiterzuentwickeln und zu stärken und nicht schlicht den teilweise beliebigen Angeboten der beruflichen oder freizeitlich orientierten Weiterbildung angegliedert zu werden.

Die Gefahr des Profilverlustes besteht – so der Tenor der Beiträge. Im Laufe der Jahrzehnte und des Generationenwechsels haben sich die Ansprüche der Arbeitnehmerinnen und Arbeitnehmer an die politische Bildung und damit an den politischen Bildungsurlaub verändert. Politische Bildung wird heute immer weniger als Mittel der gesellschaftspolitischen Aufklärung und zur Durchsetzung von Arbeitnehmer(innen)rechten nachgefragt, sondern vielmehr als eine von vielen Dienstleistungen auf dem Bildungsanbietermarkt verstanden. Auch die Kommunikation innerhalb der Teilnehmergruppen, die Diskussionen um das gemeinsam Verbindende in Gesellschaft und Politik sowie das Bedürfnis nach einer in der Gruppe erfahrenen Erkenntnisentwicklung haben nachgelassen. Auf der anderen Seite vermitteln die Teilnehmerinnen und Teilnehmer der politischen Bildungsurlaubsveranstaltungen den Eindruck, dass die Orientierungslosigkeit und die Suche nach einem sinnhaften Leben zunehmen. Deshalb halten die Autoren an der politischen Bildung, wie sie ARBEIT UND LEBEN in Wolfsburg vertritt, auch für die Zukunft fest. Die Bildungsvereinigung habe die Chance, aber auch die Pflicht, das Profil einer eigenständigen politischen Bildung weiterzuverfolgen.

Die Herausgeber im Januar 2015

Gerd Bruder

„Einen Schritt voraus“

Institutionenkunde aus der Frühzeit

Mitte der 1960er Jahre schufen der Landesbezirk des Deutschen Gewerkschaftsbundes (DGB) und der Landesverband Niedersachsen der Volkshochschulen (VHS) für die bereits 1948 formal gegründete Bildungsvereinigung ARBEIT UND LEBEN Niedersachsen (A+L) einen institutionellen Rahmen als eingetragener Verein.

A+L-Veröffentlichung mit einem Plakat aus den 50er Jahren

Die spärlichen Mittel für Erwachsenenbildung des Landes Niedersachen reichten allerdings bei Weitem nicht aus, um eine funktionierende Infrastruktur für die neue Bildungsvereinigung aufzubauen. Die regionalen Rahmenbedingungen, vorrangig die finanzielle Ausstattung, war vor Ort höchst unterschiedlich: Sowohl in Braunschweig als auch in Wolfsburg waren beispielsweise kommunale Mittel für Bildungsarbeit im Haushalt der Volkshochschule (VHS) zweckgebunden ausgewiesen. Im Bezirk Ost (Braunschweig, Wolfsburg, Salzgitter, Peine, Helmstedt, Goslar, Uelzen und Lüneburg) leistete ein Jugendbildungsreferent Pionierarbeit, der beim Bundesarbeitskreis des A+L Düsseldorf angestellt war. Sitz der neuen A+L-Zweigstelle war das Braunschweiger Gewerkschaftshaus. Verwaltungsmitarbeiter(innen) gab es nicht, eine Kollegin des DGB-Kreises half bereitwillig und ohne Bezahlung aus.

Vor Ort setzten sich die jeweiligen Vorstände aus Vertretern der Gewerkschaften und der VHS zusammen. In Braunschweig gab ein Pädagogischer Beirat, in dem Gewerkschaftssekretäre und Dozenten mitarbeiteten, Anregungen für die inhaltliche Arbeit. Das Braunschweiger Bildungsangebot war Bestandteil des halbjährlich erscheinenden VHS-Programms. Den inhaltlichen Schwerpunkt bildeten Angebote im Bereich der beruflichen und allgemeinen Bildung. Die politische Bildung wurde in Kooperation mit den Gewerkschaften konzipiert, geplant und durchgeführt: zumeist junge Funktionsträger wurden auf ihre Aufgaben als gewerkschaftliche Interessenvertreter hin „geschult".

ARBEIT UND LEBEN profitierte gerade in der Anfangszeit von den Interessen, Fähigkeiten und Anregungen seiner ehrenamtlichen Mitarbeiter, die Betriebsräten angehörten und Gewerkschaftssekretäre und Lehrer waren. Es war vor allem ein Männerbund, der ein recht buntes Bildungsbild zeichnete und entsprechend Vielfältiges anbot. Zum Beispiel baute eine örtliche Arbeitsgemeinschaft einen Buch-Arbeitskreis auf, in dessen Rahmen in der Tradition der Arbeiterbildungsvereine gelesen und diskutiert wurde.

In der Landesgeschäftsstelle arbeiteten der Pädagogische Leiter, der für Finanzen und Organisation zuständige Geschäftsführer und – anders als in den regionalen Gliederungen – zwei Kolleginnen als Verwaltungsangestellte.

ARBEIT UND LEBEN nabelt sich zentral und regional ab

In der konkreten Umsetzung der Bildungsarbeit vor Ort entwickelte A+L eine immer größere Nähe zu den Gewerkschaften, für die wiederum die Regionalorganisation aufgrund ihrer verbesserten finanziellen Ausstattung durch kommunale und Landesmittel attraktiv wurde. Auf dieser Grundlage entstand eine noch intensivere Kooperation zwischen Vertretern der Gewerkschaften und dem inzwischen etablierten, hauptamtlichen Pädagogischen A+L-Mitarbeiter.

In dem Maße, in dem A+L finanziell von den Volkshochschulen unabhängig wurde und sich den Gewerkschaften zuwandte, verlor auch die Parität im Vorstand an Bedeutung, bis sie schließlich obsolet und aufgelöst wurde. In Wolfsburg und besonders in Braunschweig unterstützen personelle Wechsel bei den VHS-Direktoren diese Entwicklung, da die früheren Amtsinhaber in der Regel der Arbeiterbewegung inhaltlich näher standen.

Zielgruppen der Bildungsarbeit

ARBEIT UND LEBEN Niedersachen unterstützte finanziell, aber auch inhaltlich und methodisch Bildungsveranstaltungen vor Ort, die sich das Ziel gesetzt hatten, Gewerkschaftsfunktionäre für ihre vielfältigen Aufgaben fachlich zu qualifizieren. Dabei standen in erster Linie Fragen zur Betriebsverfassung, zum Arbeits- und Sozialrecht und zur analytischen Arbeitsplatzbewertung (Arbeitszeitstudien) im Vordergrund. Konkret ging es um das Rüstzeug für Betriebsratsmitglieder: Sie sollten befähigt werden, tarifliche, rechtliche und gesetzliche Bestimmungen im Betrieb durchzusetzen und zu sichern.

Als das Land Niedersachsen umfangreichere Fördermittel für Bildungsveranstaltungen bewilligte, wurde intern darüber gestritten, ob die genannten Themen der politischen bzw. der beruflichen oder der allgemeinen Bildung zuzuordnen seien. Hintergrund der Kontroverse war, dass letztgenannte Bereiche finanziell nur geringfügig gefördert wurden. Ich habe damals klar vertreten, dass z. B. Kenntnisse des Arbeitsrechts und deren Durchsetzung für abhängig Beschäftigte interessenorientiert und damit der politische Bildung zuzurechnen sind, und Anträge und Programme wurden auch entsprechend formuliert. Die inhaltliche Zuständigkeit für die politische Bildung und die Schulung gewerkschaftlicher Vertrauensleute lag nach interner Absprache bei den Gewerkschaften. Das Angebot von A+L zielte auf gewerkschaftlich Organisierte, die (noch) keine gewerkschaftliche Funktion ausübten. Die Zahl der Kurse mit allgemeinbildenden Themen fiel im Vergleich wesentlich geringer aus.

Politische Arbeitskreise

Die Eigenständigkeit der gewerkschaftsnahen Bildungsarbeit zeigte sich ab Mitte der 1960er Jahre im Umfang und in den Inhalten der politischen Arbeitskreise (PAK). Günther Altmann, Pädagogischer Leiter von A+L Niedersachsen, übernahm diesen Ansatz von der schwedischen

Gewerkschaftsbewegung und der mit ihr verbundenen Erwachsenenbildungseinrichtung (ABF). Wie das schwedische Vorbild entwickelte A+L Niedersachsen Bildungskonzepte zu gesellschaftspolitisch relevanten Themen: Einmal im Jahr wurde über die örtlichen A+L-Arbeitsgemeinschaften den Gewerkschaften und den PAK ein Schwerpunktthema angeboten, über das der jeweils zuständige Pädagogische A+L-Mitarbeiter in den Sitzungen der DGB-Kreisvorstände, der örtlichen Gremien der Gewerkschaften, informierte.

Das Schwerpunktthema wurde für vier bis sechs Bildungseinheiten entwickelt. Den Referent(inn)en stand ein Arbeitsheft zur Verfügung mit einem ausführlichen Leitfaden, der die inhaltliche Seminararbeit sowie die methodische Vorgehensweise untermauern sollte. Für die Teilnehmer(innen) wurden didaktische Arbeitsblätter, im Umfang von ca. vier DIN-A4-Seiten, erarbeitet. Jede Bildungseinheit wurde mit einer Fallschilderung eingeleitet, die den Einstieg in das Lehrgespräch mithilfe von vorformulierten Fragen erleichtern sollten.

Bei der Durchführung der Arbeitskreise stellte sich jedoch heraus, dass einige Teilnehmer(innen) nicht mitschreiben bzw. -lesen konnten, da sie Legastheniker oder Analphabeten waren. Dies brachte die Referent(inn)en in eine schwierige Lage und verlangte, dass ihre dominante Rolle in der konkreten Umsetzung zugunsten einer stärkeren Teilnehmereinbindung einzuschränken war. Die Referent(inn)en sollten als Experten für Sachfragen zur Verfügung stehen, Ergebnisse zusammenfassen, auf im Leitfaden aufgeführte Lernziele fokussieren.

Dieses Ziel wurde immer dann erreicht, wenn die Fallschilderungen zeitgemäß waren und die Erfahrungen der Kolleginnen und Kollegen widerspiegelten. Wichtig war es vor allem, zwischen dem endlosen Zerreden der Fallschilderung einerseits und dem schnellen Abhaken der Lernziele andererseits auszugleichen, und dass die Teilnehmer(innen) ihre Veranstaltung selbst gestalteten. Die zunehmende Teilnehmerorientierung brachte allerdings mit sich, dass zwei Stunden immer seltener für eine Abendveranstaltung ausreichten. Tages- und Wochenendseminare mit Gruppenarbeit eröffneten eine weitere Möglichkeit, Kolleginnen und Kollegen aktiver am Ablauf der Bildungseinheit zu beteiligen.

Wurden die PAK in Gewerkschaftshäusern durchgeführt, waren die Arbeitsbedingungen deutlich besser als im Hinterzimmer einer Gaststätte, in der Kleinstadt oder auf dem Dorf. Neben den Arbeitsblättern musste sich der Referent mit seiner mitgebrachten, zusammenrollbaren Tafel und jeder Menge Packpapier begnügen. Auch wenn die Arbeitsbedingungen in Gaststätten bescheiden waren und der Wirt von Zeit zu Zeit mit der Frage, wer noch was trinken möchte, für Unterbrechungen sorgte, wurde auch dort engagiert gearbeitet. Die intensive Bildungsarbeit mit den überwiegend hochmotivierten Teilnehmer(inne)n hat Spaß gemacht.

Teilnehmer(innen) betrachten ihre Ausstellung in einem Gaststättenraum. Archiv G. Steichen

Die Bildungsarbeit fand im Halbjahresrhythmus statt und begann zum Jahresende und endete im Frühjahr. An einem herbstlichen Sonnabend wurden die Referenten und Arbeitskreisleiter in das neue Schwerpunktthema, z. B. „Gewerkschaften heute – Ordnungsfaktor oder Gegenmacht?", eingeführt. Zuvor hatte der Jugendbildungsreferent oder der Pädagogische Mitarbeiter mit den Bildungsverantwortlichen der Gewerkschaften Umfang, Termine und Orte für die PAKs festgelegt. Zur Vorbereitung der nächsten Bildungsperiode wurde die Arbeit der PAKs nach ihrem Abschluss im April oder Mai ausgewertet. Referenten waren in erster Linie Gewerkschaftssekretäre und Lehrer an Heimvolkshochschulen.

Betriebsbezogene Bildungsarbeit

Ende der 1960er Jahre trug unter anderem ein Buch von Oskar Negt zur Politisierung der Bildungsarbeit von A+L und einigen Gewerkschaften bei: In seiner Arbeit „Soziologische Phantasie und exemplarisches Lernen“ beschrieb er, wie Konflikterfahrungen als Einstieg in die politische Bildungsarbeit dienen können – vor allem im Betrieb.

Anhand einer Fallschilderung schilderte er Merkmale des Industriebetriebs und arbeitete auf allen gesellschaftlichen Ebenen, also über den Betrieb hinaus, Eigentumsverhältnisse und damit einhergehende Herrschaftsformen im Kapitalismus heraus. Der Interessengegensatz zwischen Arbeit und Kapital wurde entwickelt. Nach dem Analyseteil erörterte er Möglichkeiten der konkreten Veränderung des Handelns im Betrieb (Gewerkschaft/Betriebsrat) und/oder in der Gesellschaft (Arbeiterinitiativen, Parteien usw.).

Aus meiner Sicht entscheidend für unsere Arbeit in jener, aber auch heutiger Zeit ist, dass das Lernziel „Bildungsarbeit soll zum Handeln befähigen und ermutigen“ kaum Einzug in gewerkschaftliche Aktionen und Politik fand. Meistens blieb es bei der folgenlosen Behauptung: „Unsere Gesellschaft ist eine Klassengesellschaft.“ Das Ziel einer solidarischen, ja sozialistischen Perspektive blieb unausgesprochen und unsere Bildungsarbeit wurde nicht konkret in diese Richtung fortgeführt. Auch setzten wir uns nicht mit dem „Realsozialismus“ der DDR auseinander.

Hermann Rappe, der spätere Bundesvorsitzende der IG CPK, war Mitte der 1960er Jahre in Niedersachsen für die Bildungsarbeit der IG Chemie, Papier, Keramik zuständig und damit Mitglied des A+L-Landesvorstandes. Zum Stellenwert der Bildungsarbeit äußerte er oft sinngemäß: „Gewerkschaftliche Bildungsarbeit muss der Organisation [gemeint ist Gewerkschaft, Anm. d. Verf.] einen Schritt voraus sein.“

Der Themenkreis „Betrieb“ wurde entsprechend dem Negtschen Ansatz aufbereitet, die Arbeitsblätter für Teilnehmer, der Leitfaden für Referenten und Arbeitskreisleiter und die Arbeitshefte sollten den Anforderungen des „Exemplarischen Lernens und der soziologischen Phantasie“ genügen. Die systemverändernde und systemüberwindende Bildungsarbeit konnte beginnen. Das Thema „Betrieb“ wurde vor allem im Bezirk Süd, also in und um Göttingen, als betriebsbezogene Arbeit umgesetzt. Im Raum Hannover hingegen, u. a. bei Hanomag und in Schöningen bei der BKB, bedeutete „betriebsnah“ vor allem die räumliche Nähe zum Veranstaltungsort und selten der inhaltliche Bezug zum Betrieb.

Betriebsbezogene Bildungsarbeit zum Schwerpunktthema „Gewerkschaften heute – Ordnungsfaktor oder Gegenmacht?“ führte immer dann zu erheblichen Konflikten, wenn innergewerkschaftlich personalisiert und gewerkschaftliche Vertrauensleute in Opposition zu Betriebsräten gestellt wurden. Der Kapitalismus hat diesen Ansatz der „systemüberwindenden“ Bildungsarbeit überstanden. Bedauerlich und vielsagend zugleich, dass er so wandlungsfähig und resistent ist.

Sommerschule

Zum festen Bestandteil der nach innen gerichteten A+L-Bildungsarbeit gehörte die Sommerschule: für zwei Wochen nahmen 50 bis 60 Kolleginnen und Kollegen teilweise mit Partnern an dieser Mitarbeiterfortbildung teil. Die Durchführungsorte lagen im europäischen Ausland, oft in Skandinavien, meistens in Gewerkschaftsschulen. Teilnehmer(innen) waren Gewerkschaftssekretäre, Mitglieder der Betriebsräte, örtliche A+L-Vorsitzende (häufig in Personalunion DGB-Kreisvorsitzende), Leiter wie Mitarbeiter an Heim- oder örtlichen Volkshochschulen und eine überschaubare Zahl Pädagogischer A+L-Mitarbeiter.

Das Erkenntnisinteresse dieser Veranstaltungen war vor allem auf die Wirtschafts- und Sozialstruktur des Gastgeberlandes gerichtet. Im Allgemeinen wurden vormittags Referate gehalten und Vertreter aus Gewerkschaften und Politik debattierten je nach politischer Orientierung miteinander. Anschließend wurde die Veranstaltung für breiter angelegte Diskussionen geöffnet. Um den Frontalcharakter der Fortbildung aufzulockern, stellten Gruppen z. B. Ergebnisse und Eindrücke von Betriebsbesichtigungen oder Recherchen vor Ort im Plenum vor. Der Nachmittag stand an wenigen Tagen zur freien Verfügung, um Land und Leute kennen zu lernen und sich zu besinnen. Am Abend wurden gelegentlich Kulturangeboten aus dem Gastgeberland angeboten.

Für mitgereiste Ehefrauen oder Freundinnen wurde ein gesondertes „Frauenprogramm“ veranstaltet. In Norwegen forderten Studentinnen, die als Teamerinnen an der A+L-Bildungsarbeit teilnahmen, ein, dass alle Angereisten am Seminar teilnehmen können, selbst gegen den Widerstand der mitgereisten Frauen der Funktionäre. Letztlich setzten sie sich durch.

Neben der Arbeit im Seminar wurden zahlreiche Kontakte geknüpft, ein für A+L insgesamt nutzbringendes Phänomen, das sich in der Bildungsarbeit vor Ort doppelt auszahlte. Ich bewerte Sommerschulen dieser Zeit als außerordentlich gut und erfolgreich.

Winterschule

Die eher programmatisch ausgerichtete Winterschule fand alljährlich in der ersten Januarhälfte statt. Im Unterschied zur Sommerschule bestimmten bildungspolitische und innerorganisatorische Themen das Programm der einwöchigen Veranstaltung. Hier legten Mitglieder des A+L-Landesvorstandes, Vertreter der Gewerkschaften, Fachleute aus dem Bereich der Erwachsenenbildung und des Kultusministeriums Schwerpunkte der künftigen Arbeit fest.

Referenten wie z. B. Dietrich Kreikemeier vom Niedersächsischen Kultusministerium erörterten mit uns das Niedersächsische Erwachsenenbildungsgesetz, vor allem seine Bedeutung für die politische Bildung aufgrund der gesetzlichen Förderung.

Vor dem Hintergrund zweier Weltkriege und der Nazidiktatur wurden Veranstaltungen der politischen Bildung bewusst zu 100 Prozent (aber immer im Rahmen der anzuerkennenden Kosten) gefördert. Da der Umfang der Teilnehmerunterrichtsstunden dieser Veranstaltungen die Zahl der hauptamtlichen pädagogischen Mitarbeiter bestimmte, waren diese internen Informationen aus dem Kultusministerium organisationspolitisch von großer Bedeutung.

Auch die Winterschulen boten viele Gelegenheiten, Kontakte zu knüpfen und sich informell auszutauschen, und trugen so zur Erleichterung der Arbeit in der Praxis vor Ort bei.

Bildungsurlaub – die neue Herausforderung

1975 trat für die abhängig Beschäftigten und die Erwachsenenbildung das „Niedersächsische Bildungsurlaubsgesetz" in Kraft. Helmut Simson, damaliger DGB-Kreisvorsitzender Wolfsburg/Gifhorn und SPD-Landtagsabgeordneter, war einer der Wegbereiter dieses fortschrittlichen Freistellungsgesetzes: Erstmals konnten Beschäftigte unter Fortzahlung ihres Lohnes/Gehaltes jährlich an ein- bzw. zweiwöchigen Bildungsveranstaltungen teilnehmen. Die inhaltliche Arbeit der anerkannten Träger der Erwachsenenbildung prüfte der Niedersächsische Bund für Erwachsenenbildung anhand der eingereichten Programme.

Für die A+L-Arbeitsgemeinschaften des Bezirks Ost, mit großen Industriebetrieben in Peine, Salzgitter, Braunschweig und vor allem in Wolfsburg, entwickelten sich ganz neue Möglichkeiten der politischen Bildungsarbeit. In einem organisatorischen Kraftakt musste in kurzer Zeit eine Infrastruktur für den Bildungsurlaub (BU) diskutiert, verhandelt und entwickelt werden: Bei der Werbung und Freistellung der Kolleginnen und Kollegen im Betrieb bot es sich an, die Organisationsstruktur des Vertrauensleutekörpers der IG Metall nutzen, das gelang zu Beginn vor allem in Braunschweig und Salzgitter. Konkret bedeutete dies, den Kontakt zur Vertrauenskörperleitung aufzubauen und zu vertiefen.

Seminarorte mussten ebenfalls gefunden werden. Neben Heimvolkshochschulen mieteten wir uns häufig in Hotels ein, die Räume für Plenums- und für Gruppenarbeit zur Verfügung stellen konnten, oder behalfen uns mit Zimmern der Teilnehmer/ innen. Finanziert wurden die BU-Seminare über das Erwachsenenbildungsgesetz. Die Teilnehmer(innen) beteiligten sich mit einem Beitrag von 50 DM an den Kosten.

Da die Referent(inn)en und Teamer(innen) bereits mit den Abend- und Wochenendveranstaltungen ausgelastet waren, setzten wir für die neuen Aufgaben Studierende ein, die in der Regel über den zweiten Bildungsweg zu uns gefunden hatten. Erste Voraussetzung war die gute Kenntnis des Themenbereichs bzw. die Bereitschaft, sich schnell einzuarbeiten.

Die Teilnehmer der BU-Seminare waren überwiegend Kollegen, und anfangs noch wenige Kolleginnen, ohne gewerkschaftliche Funktion. Neben dem Interesse am konkreten Thema spielte sicherlich auch der Umstand, „eine Woche weg von der Maloche" zu sein, eine Rolle. Außerdem lag für viele die letzte Schulerfahrung weit zurück oder wurde sogar als unangenehme Zeit verdrängt. Diese Gemengelage hieß es zu berücksichtigen, was vor allem dann gelang, wenn die studentischen Teamer(innen) betriebliche Erfahrungen mitbrachten und es schafften, konkrete Teilnehmererfahrungen zum Gegenstand des Seminars zu machen.

Inhaltlich kreisten die Seminarthemen entsprechend um die Lebens- und Arbeitsbedingungen der Teilnehmer(innen): „Unter welchen Bedingungen leben und arbeiten Arbeiter und Angestellte in der Bundesrepublik?“ – „Humanisierung der Arbeitswelt“ – „Arbeit für alle“ – „Wie sicher sind unsere Arbeitsplätze?“ – „Marktwirtschaft im Zwielicht“.

Methodisch setzten die Seminare bei den Erfahrungen in Betrieb und Gesellschaft an. Individuelle Erfahrungen sollten verallgemeinert werden, um gesellschaftliche Ursachen herauszuarbeiten. Mutmachen und Anleitung zum Handeln waren das Ziel.

Die von den Hauptamtlichen Pädagogischen Mitarbeiter(inne)n und/ oder Teamer/ innen entwickelten Arbeitsblätter sollten die Teilnehmer(innen) für die Arbeit in selbst organisierten Kleingruppen im Seminar und darüber hinaus aktivieren. Dazu war es notwendig, thematische Zielsetzung und Arbeitsweise der Gruppen festzulegen: Entweder arbeiteten die Gruppen zum selben Thema oder sie widmeten sich unterschiedlichen Schwerpunkten. Die Ergebnisse der Gruppenarbeit wurden auf Wandzeitungen festgehalten, anschließend im Plenum vorgestellt und diskutiert. Die Teamer(innen) sollten die Berichte wenn erforderlich strukturieren, Informationen ergänzen, Schwerpunkte aufzeigen.

Die Vorstellungsrunde zu Beginn des Seminars beeinflusste maßgeblich den offenen, kollegialen Verlauf der Bildungswoche: Anhand vorgegebener Stichpunkte stellten sich die Kolleginnen und Kollegen reihum oder spontan vor. Seminarauswertung und -kritik waren unverzichtbarer Teil und Abschluss des Seminars. In Gruppen (ohne Teamer[innen]) wurden die äußeren Bedingungen, z. B. die Verpflegung und Unterbringung, sowie der Inhalt, z. B. der Seminarablauf, die Methoden sowie die Arbeit der Teamer(innen), im Plenum besprochen und bewertet.

Eine Besonderheit der Verwaltungsstelle der IG Metall Wolfsburg stellten und stellen die ambulanten BU-Seminare in den IGM-Wohnbereichen dar. Die Wohnbereiche sind häufig räumlich identisch mit den Samtgemeinden. Dieser Seminartyp (morgens kommen, nachmittags nach Hause) kam vielen Kolleginnen und Kollegen aus familiären Gründen entgegen bzw. aufgrund der landwirtschaftlichen Prägung des Wolfsburger Umlandes. Die Teilnehmer(innen) wurden im jeweiligen IGM-Wohnbereich in

Meinersen, Wittingen u. a. geworben, die Seminare fanden in örtlichen Gaststätten oder Dorfgemeinschaftshäusern statt.

Der Vorteil ambulanter Wohnbezirksseminare war, dass die Teinehmer(innen) sich kannten und einen Bezugsrahmen teilten. Nun nahmen auch mehr Kolleginnen teil. Nachteil der Seminarform war, dass keine gemeinsame Freizeit wie in den stationären Seminaren stattfand und damit der informelle Austausch über die Seminarzeit hinaus entfiel.[1]

Kolleginnen und Kollegen für die Teilnahme an BU-Seminaren zu gewinnen war bei Betriebsriesen wie VW aufwändig, aber machbar. Mühseliger war die Akquise in Gebieten mit kleinbetrieblichen oder mittelständischen Betrieben. Einige der dort aktiven ARBEIT-UND-LEBEN-Untergliederungen haben in ihrer Not Teilnehmer/ innen im VW-Werk Wolfsburg geworben.

Rückblickend ist festzuhalten, dass es nur selten gelungen ist, eine größere Anzahl der Teilnehmer(innen) für gewerkschaftliche und politische Arbeit zu gewinnen. Die Seminararbeit wurde nicht vor Ort aufgegriffen und in Form von Arbeitskreisen fortgesetzt. Ein Grund dafür war das Fehlen einer entsprechenden Infrastruktur.

Berufliche Bildung bei A+L Wolfsburg

Das Berufsfortbildungswerk (Bfw) des DGB mit Geschäftsstelle in Salzgitter war für die Angebote und Durchführung von Maßnahmen der beruflichen Bildung zuständig, seine Aktivitäten waren allerdings übersichtlich. Anfang der 1980er Jahre stimmt das Bfw zu, die berufliche Bildung unter die Aufsicht von ARBEIT UND LEBEN zu stellen.

Die Industriemeisterkurse, organisatorisch und inhaltlich von Kollegen aus dem VW-Werk durchgeführt, erhielten bessere Bedingungen. 30 Monate lang, zwei Abende in der Woche und am Sonnabend, bereiteten sich die Teilnehmer auf die Prüfung zum Industriemeister vor der Industrie- und Handelskammer Lüneburg vor. Die durch die Qualifizierungsmaßnahme bedingten Belastungen waren für die angehenden Prüflinge neben der täglichen Arbeit erheblich. Obwohl es nicht gelang, den VW-Arbeitsdirektor davon zu überzeugen, erfolgreichen Absolventen eine Meisterstelle

1 Vgl. dazu auch Guérin Steichens Beitrag „Zukunft zwischen Angst und Hoffnung“.

zuzusichern, war die Nachfrage für diesen Kurs bemerkenswert. Da der objektive Bedarf an geprüften Industriemeistern hoch war, fanden die Absolvent(inn)en in den meisten Fällen auch eine entsprechende Stelle.

Die Meisterkurse, die von VW gefördert und durchgeführt wurden, standen nicht allen offen; die Kriterien für die Teilnahme waren nicht transparent. Die ehrenamtlichen Dozenten haben hingegen Vorbildliches geleistet, denn die meisten Kollegen und Kolleginnen bestanden die Prüfung.

Die Arbeit weitete sich erheblich aus und ein hauptamtlicher Pädagogischer Mitarbeiter wurde benötigt. Etwas aus dem Nähkästchen: Der erste Mitarbeiter in der Beruflichen Bildung war Mitglied der DKP. Eines Tages rief mich der DGB-Landesbezirksvorsitzende an und teilte mir mit, vom DGB-Bundesvorstand sei angefragt worden, ob es stimme, dass bei A+L Wolfsburg, Abt. Berufliche Bildung, ein hauptamtlicher Mitarbeiter beschäftigt sei, der Mitglied der DKP ist. So frage er auch mich. Ich bejahte, worauf der Landesvorsitzende sein Unverständnis und Unbehagen ausdrückte und dass das so nicht ginge. Ich erwiderte, dass wir einen fachlich geeigneten Kollegen und keinen DKP-Parteisekretär eingestellt hätten. Recht bald verließ unser Kollege die Abteilung; seine Stelle, die als Arbeitsbeschaffungsmaßnahme eingerichtet worden war, wurde nicht verlängert. Hermann Ciach brachte Solidität in den Bildungsbereich, die berufliche Bildung hatte sich endlich etabliert. Zwei Argumente führten dazu, dass bei A+L darüber nachgedacht wurde, die berufliche Bildung zum zweiten Standbein auszubauen: Es wurde behauptet, dass a) die berufliche Bildung finanzielle Überschüsse erwirtschaften und damit auch zur Stabilisierung der politischen Bildung beitragen könne und b) sich zusätzlich die Möglichkeit zur Integration von politischer und beruflicher Bildung – also die Verschränkung politischer und berufsqualifizierender Inhalte in einer Bildungsmaßnahme – eröffne. Keines von beiden konnte sich bis heute bewahrheiten.

Die schlichte Unterscheidung, politische Bildung sei emanzipatorisch und berufliche Bildung systemstabilisierend, halte ich für zu kurz gegriffen!

Scheräng, der Luxemburger

Nach seiner Tätigkeit als Teamer und im A+L-Forschungsprojekt arbeitete Guérin Steichen seit 1980 als Hauptamtlicher Pädagogischer Mitarbeiter in Wolfsburg. Er folgte mir in dieser Funktion, die ich aufgrund meiner Wahl zum DGB-Kreisvorsitzenden Wolfsburg/Gifhorn und dem damit verbundenen Vorsitz im A+L-Vorstand aufgeben musste. Es entwickelte sich eine intensive, kollegiale und freundschaftliche Zusammenarbeit zwischen uns. Emil Jekel, Leiter des Vertrauensleutekörpers der IG Metall im VW-Werk Wolfsburg, nannte Guérin nur „Scheräng" – dieser Spitzname sollte Generationen überdauern. 1990 trennten sich unsere Wege: Guérin blieb im kapitalistischen Wolfsburg, mich trieb es für vier Jahre in das postsozialistische Magdeburg.

Als Steichen seine Arbeit antrat, überragte die IG Metall alle im DGB-Kreis vertretenen Gewerkschaften, sowohl quantitativ als auch mit ihrem qualitativen Anspruch, breit angelegte politische Bildungsarbeit zu leisten. Der durchaus politisch-kritische örtliche A+L-Vorstand bewilligte verantwortlich das, was an Bildungsveranstaltungen auf den Markt kam. In unserer zehnjährigen Zusammenarbeit gab es keine Vorstandssitzung, in der das Bildungsprogramm, das Steichen vorstellte, verändert wurde. Darin drückte sich kein Desinteresse, sondern die Gewissheit aus, dass A+L unter Steichen gute Arbeit leistete.

Im Bereich Bildungsurlaub waren A+L und VHS, nach einer Phase intensiver Kooperation, mittlerweile zu Konkurrenten geworden. Die gewerkschaftliche Nähe (räumlich, inhaltlich, personell) machte die Stärke von A+L aus. Wolfsburg trug wesentlich dazu bei, dass der Bezirk Ost auf Landesebene immer vorn und oft vorneweg mitmischte.

Für die A+L-Vorstände (auf der Ebene der örtlichen Arbeitsgemeinschaften, der Bezirke und des Landes) hatte aber auch der quantitative Aspekt des Angebots einen besonderen Stellenwert. Neben den Landesmitteln für die Bildungsarbeit hing die Anzahl hauptamtlicher Mitarbeiter unter anderem von den abgerechneten Aktivitäten ab. Es ging um die anerkannten, abgerechneten Belegungsdoppelstunden (ordentliche, wasserdichte Programme schreiben!), auch „Verpflegungsdoppelstunde" genannt, da die Organisation buchstäblich von ihnen lebte. Sie errechneten sich aus der Multiplikation der Teilnehmerzahl mit den Unterrichtsstunden. Dieser Maßstab berücksichtigte allerdings nicht die Qualität der politischen Bildungsarbeit.

Guérin Steichen musste sich in das personelle und innerorganisatorische Geflecht einarbeiten. Mit Unterstützung der IG Metall gelang es ihm schnell, eine Organisationsstruktur aus Bildungsobleuten im VW-Werk und in den IGM-Wohnbereichen aufzubauen. Die Bildungsobleute waren politisch hoch engagierte Werber, die das A+L-Angebot an die Kollegin und den Kollegen brachten; sie leisteten unschätzbare, organisatorische Vorarbeit.

Guérin Steichen hatte an der Hochschule für bildende Künste Braunschweig (HBK) studiert. Über Prof. Georg Kiefer kamen wir miteinander in Kontakt und in einen intensiven Austausch. Daraus ergaben sich wiederum Verbindungen zu Studierenden, die als Teamer(innen), und später als hauptamtliche Pädagogische Mitarbeiter(innen), bei A+L arbeiteten.

Im methodischen Bereich zog, als Ergänzung zu Negt und anderen, die Visualisierung durch handlungsorientierten Medieneinsatz ein: zum Beispiel als Fotografien, Foto/Text- und Maskenmontagen in den Arbeitsmaterialien oder zur Präsentation der Arbeitsergebnisse in Form von in Eigenregie hergestellten Videos, Figurentheater, Collagen, kleinen Ausstellungen usw. Die Teilnehmer(innen) unserer Bildungsveranstaltungen wurden zur Eigenarbeit motiviert, der Frontalunterricht hatte endgültig ausgedient. Das, was A+L inhaltlich und methodisch seit langem angestrebt hatte, wurde nun umgesetzt.

Von Wolfsburg, unter Steichens Leitung, gingen bemerkenswerte Impulse für die politische Bildungsarbeit aus. Hatte bis tief in die 1970er Jahre vor allem das Thema „Arbeit" den inhaltlichen Schwerpunkt der BU-Seminare bestimmt, so wurden Ende der 1970er und verstärkt in den 1980er Jahren weitere gesellschaftliche Bereiche für politische Bildungsarbeit erschlossen. Die künstliche und lebensfremde Trennung von „Arbeit" auf der einen und „Freizeit" auf der anderen Seite wurde in der Bildungsarbeit überwunden. Das war ein richtiger und konsequenter Schritt, da laut Marx „die gesellschaftlichen Bedingungen der Produktion zugleich die Bedingungen der Reproduktion sind". Mit dem Seminar „Arbeit – Freizeit – Wohnen"

Teilnehmer(innen)-Collage „Arbeit – Freizeit – Wohnen" Archiv K. Meier

wurde zum Beispiel die Lebenslage von Kolleginnen und Kollegen aus den Stadtteilen Westhagen und Detmerode zum Gegenstand der Bildungsarbeit gemacht. Bei der Erweiterungsplanung des Neubaugebietes in Westhagen wurden Vorschläge der Teilnehmer(innen) und Anwohner(innen) konkret in verbesserte Wohnqualität umgesetzt.

Guérin Steichen initiierte zahlreiche Seminare für Kolleginnen und Kollegen, die sich in einer besonderen Lage befanden, so z. B. für italienische Migrant(inn)en (siehe dazu den Beitrag von Rocco Artale) und gehörlose Kolleg(inn)en. Er hat über drei Jahrzehnte beharrlich Teamer(innen) auf eine emanzipatorische, antikapitalistische Bildungsarbeit verpflichtet. Die kapitalistische Gesellschaftsordnung war schon in den späten 1960er und frühen 1970er Jahren Ansatzpunkt der Bildungsarbeit von ARBEIT UND LEBEN, und der Gegensatz von Arbeit und Kapital wurde von vielen Teilnehmer(inne)n als „Glaubensbekenntnis" angenommen. Über das Seminar hinaus wurde die neu gewonnene, interessengeleitete Sichtweise auf die gesellschaftlichen Verhältnisse jedoch kaum in politisches Handeln umgesetzt. Guérin zielte mit seinem Ansatz darauf, die Lage abhängig Beschäftigter in allen Lebensberei-

Werbeplakat des Kulturarbeitskreises Wolfsburg, 1982 Archiv G. Steichen

chen zu ihren Gunsten zu verändern. Die Methoden und Inhalte, die direkt aus dem Lebenszusammenhang der Teilnehmer(innen) dieser Bildungsarbeit entwickelt wurden, machten Kolleginnen und Kollegen zu Handelnden. Genau um diese Fähigkeiten geht es, wenn Bildungsarbeit Anstöße geben soll:

> *„[...] es kann die Befreiung der Arbeiter nur das Werk der Arbeiter sein [...]. Wo dein Platz Genosse ist, reih' dich ein in die Arbeitereinheitsfront, weil du auch ein Arbeiter bist.“* [2]

Guérin Steichen musste und konnte Funktionäre der Gewerkschaften von seiner Bildungsarbeit überzeugen und hat die politische Bildungsarbeit in Wolfsburg, im Bezirk Ost und in der Bildungsvereinigung ARBEIT UND LEBEN Niedersachsen wie nur wenige geprägt.

Hut ab; Guérin ist ein Glücksfall für die Arbeiterbewegung.

2 Brecht, Bertolt (Text), Eisler, Hanns (Musik): Einheitsfrontlied, 1934

Guérin Steichen

40 Jahre politisch-kulturelle Bildung

Erfahrungen und Aussichten

„Wenn die Verhältnisse den Menschen bilden, so hilft nichts, als die Verhältnisse menschlich zu bilden!“

Ernst Bloch

In einem Zusatzstudium am interdisziplinären Fachbereich 4 der Hochschule für Bildende Künste (HBK) Braunschweig hatte ich nach meiner Ausbildung zum Architekten in den 1970er Jahren die Gelegenheit, an Projekten mit hoher gesellschaftlicher Relevanz mitzuarbeiten. Fünf Semester Politische Ökonomie und Gesellschaftswissenschaften waren als Studienfächer verbindlich. Dieses Projektstudium am Fachbereich für Experimentelle Umweltgestaltung mit den Abteilungen Visuelle Kommunikation, Industriedesign und Architektur prägte entscheidend meine Motivation, in der politischen Erwachsenenbildung zu arbeiten. Meine wichtigsten Mentoren waren, neben den Professoren Georg Kiefer und Horant Fassbinder, die lehrbeauftragten Gewerkschaftskollegen Rainer Barcikowski (IGM/VK-Leiter Stahlwerke Salzgitter) und Gerd Bruder (Hauptamtlicher Pädagogischer Mitarbeiter der Bildungsvereinigung ARBEIT UND LEBEN Niedersachsen in Wolfsburg [A+L]).

Ich führte parallel zum Studium für A+L Seminare der politisch-kulturellen Bildung in Wolfsburg durch, gelegentlich auch für die Heimvolkshochschulen Hustedt, Springe und Göhrde.

In der abschließenden Diplomarbeit grenzte ich mich deutlich von Architekten ab, die unbeirrbar von Projekt zu Projekt, ihre eigene Form reproduzieren. Ich entwickelte und erprobte ein Konzept im Wohnungsbau – als Teil materieller Kultur – nicht von der architektonischen Form ausgehend zu lösen, sondern ausgehend vom Gebrauchswert, d. h. von den Bedürfnissen der Bewohner. Die zentrale Frage war, Möglichkeiten zur gemeinsamen Erfahrungsmobilisierung zu entwickeln. Daraus entstand ein Konzept für Arbeiterbildungsurlaube. Die so entwickelte Methodik führte zu einem Orientierungsleitfaden für die Weiterarbeit im Rahmen der Erwachsenenbildung bei ARBEIT UND LEBEN.

Nach dem Studium vertiefte ich die gewonnenen Erkenntnisse in einem bundesweit angelegten Forschungsprojekt im Auftrag der Bundeszentrale für politische Bildung und des Bundesarbeitskreises von A+L in Düsseldorf.

Von 1980 bis zu meinem Ausscheiden im Juli 2013 war ich bei A+L Niedersachsen als Hauptamtlicher Pädagogischer Mitarbeiter für die örtliche Arbeitsgemeinschaft Wolfsburg im Bereich politische Bildung tätig.

Die Durchführung von Lehraufträgen am Fachbereich Kulturarbeit und Erwachsenenbildung der HBK in Braunschweig von 1987 bis Anfang der 1990er Jahre halfen mir bei der Vertiefung und Intensivierung meiner beruflichen Aufgaben, z. B. bei der Entwicklung von Seminarkonzepten für die Erwachsenenbildung. Themen der Lehraufträge waren u. a. die inhaltlichen und methodisch-didaktischen Auseinandersetzungen in der Geschichte der Arbeiterbildung. Einem politischen Streit zwischen Zweckschulung und Bewusstseinsbildung, der sich bis heute in der gewerkschaftlichen Bildungsarbeit fortsetzt. Weitere Schwerpunkte behandelten das „Exemplarische Lernen und die soziologische Phantasie" von Oskar Negt sowie das Konzept der „Politischen Alphabetisierung" nach Paolo Freire.

„Der Begriff der Dritten Welt – ich habe es immer wieder gesagt – ist kein geographischer. Die Dritte Welt ist die der Abhängigkeit, des Schweigens, und die Beziehung zwischen der Ersten und der Dritten Welt ist eine dialektische: Es gibt eine Dritte Welt innerhalb der Ersten so gut wie die Erste Welt innerhalb der Dritten. Es ist sehr leicht, die Dritte Welt in Europa zu finden."

Paolo Freire

Quelle: „betrifft: erziehung", 6. Jg./Heft 7/1973, S. 37

Viele der teilnehmenden Studierenden traten dem A+L-Referentenarbeitskreis und anschließend dem Teamerstamm vor Ort bei. Bald stießen auch Studierende von der Universität in Göttingen dazu. Gemeinsam mit engagierten Kolleginnen und Kollegen aus dem gewerkschaftlichen Bereich konnten wir ein sehr erfolgreiches Bildungsurlaubsprogramm der politisch-kulturellen Bildung starten, das – weiterentwickelt und aktualisiert – bis heute Bestand hat: Dieses Bildungsurlaubsangebot (besucht von +/- 2.000 Teilnehmern pro Jahr) richtet sich an alle, die politische Orientierung in der Gesellschaft suchen und ihre Rechte und Pflichten in Bezug auf die Mitgestaltung ihrer Lebensumstände wahrnehmen wollen. Sich zu bilden bedeutet in diesem Sinn, zur Selbstgestaltung bereit zu sein und aktiv sowohl die eigenen als auch die gesellschaftlichen Lebenszusammenhänge zu beeinflussen. „Demokratie ist die einzige politisch verfasste Gesellschaftsordnung, die erlernt werden muss – immer wieder", stellt der Sozialphilosoph Oskar Negt fest.[1]

Bildungsurlaub (BU) wird, so verstanden, zum lebendigen, offenen Forum der Auseinandersetzung. Ein Raum, in dem gemeinsam geforscht, reflektiert und diskutiert wird. Aus diesen Reflektionen werden Handlungsstrategien und Zukunftsperspektiven entwickelt. Dieses gemeinsam forschende Lernen im eigenen und gesellschaftlichen Interesse konfrontiert die Teilnehmer(inne)n im Schutzraum der Seminare mit komplexen individuellen und gesellschaftlichen Problemen. Eingefahrene Denkmuster werden hinterfragt. Im Mittelpunkt steht der ganze Mensch als Experte seines Lebens und auf der Suche nach einer humanen, erstrebenswerten Gesellschaft mit Raum für Träume, Sehnsüchte und Ängste.

Hier hat politische Bildung eine orientierende, keine belehrende Funktion. Sie zielt auf Bewusstseinsbildung, Stärkung der Urteilskraft und des Selbstwertgefühls. Es handelt sich also nicht um „Erziehung" oder „Weiterbildung" mit dem Ziel der Anpassung an Vorhandenes in Betrieb und Gesellschaft, sondern um aktivierende Bildungsarbeit, die aufklärt, kritisiert, initiiert, beteiligt und zum Handeln ermutigt.

Ein italienischer Arbeiter hat es auf den Punkt gebracht:

1 Negt, Oskar: Der politische Mensch. Demokratie als Lebensform. Göttingen: Steidl, 2010.

*„Wir haben eine große Erfahrung,
viele Gedanken im Kopf,
eine große Fähigkeit der Orientierung und des Urteils.
Aber uns muss geholfen werden,
unseren Gedanken Gestalt und Systematik zu geben.
Wir wollen Instrumente, damit wir es schaffen,
all diese Dinge auszudrücken und zu ordnen.
Kurz, unsere Lehrer müssten so etwas sein
wie die Koordinatoren unserer Gedanken
und unserer Erfahrungen.
Es macht nichts,
wenn sie über bestimmte Dinge
weniger wissen als wir
und sogar noch von uns lernen können.“*[2]

Gesellschaftliche Umbrüche (z. B. die „Globalisierung“) vollziehen sich gegenwärtig in beschleunigtem Maße. Sie bewirken, dass zunehmend mehr Menschen sich eher als Opfer denn als handelnde Subjekte wahrnehmen. Von diesen Veränderungen sind subjektive wie objektive Bedürfnisse und die persönlichen Interessen unserer Zielgruppen in hohem Maße betroffen. Unter diesen Bedingungen sind kontinuierliche Bedarfsanalysen für die Bildungsurlaubsplanung notwendig. Verschiedene Instrumente wurden der Bedarfsanalyse politisch-kultureller Bildung bei der Planung des Bildungsurlaubsangebotes zugrunde gelegt:

Hervorzuheben ist die agis-Studie “Soziale Milieus und Bildungsurlaub“ von Helmut Bremer.[3] Auf der Grundlage des sogenannten Milieuansatzes wurden Teilnehmer(innen) von Bildungsurlauben und Nichtteilnehmer(innen) zu ihren Bildungserfahrungen und -ansprüchen befragt. Es sollten die Grundhaltungen der berücksichtigten Arbeitnehmermilieus zu Bildungsfragen und der Wandel der Milieus mit seinen Auswirkungen

2 Weick, Edgar (Hrsg.): Arbeit und Lernen. Beiträge zum italienischen Modell des Bildungsurlaubs. Berlin: Merve, 1976 (Reihe: Internationale Marxistische Diskussionen 57).

3 Bremer, Helmut: Soziale Milieus und Bildungsurlaub. Angebote, Motivationen und Barrieren der Teilnahme am Programm von ´Arbeit und Leben Niedersachsen e.V.´. Universtät Hannover. agis-texte Band 22.

auf das Bildungsverhalten ermittelt werden. Die Untersuchungsergebnisse belegen positiv, dass die gemeinsam entwickelten Angebote von den Teilnehmern angenommen werden.

Eine ältere empirische Grundlage ist der „Bericht politische Bildung 2002" von Karsten Rudolf.[4]

Zusätzlich wird eine Reihe von weniger formellen Informationsquellen genutzt, die vor allem auf Erfahrungsaustausch beruhen. Dazu gehören z. B. jährlich stattfindende Workshops mit einer Gruppe ehrenamtlicher Bildungsurlaubsberaterinnen und -berater (in der Regel IG-Metall-Vertrauensleute) aus den niedersächsischen VW-Werken. Mit ihnen werden Entwicklungen, die sich aus den Statistiken, den Evaluationsbögen der Teilnehmer(innen) und ggf. aus Untersuchungsergebnissen von Studien ergeben, diskutiert und mit den eigenen Einschätzungen abgeglichen.

Rückmeldungen von Dozent(inn)en aus den Seminaren an den hauptamtlichen pädagogischen Mitarbeiter, unter anderem zur Qualität neuer Veranstaltungshäuser, Erfahrungen mit neuen Seminarkonzepten, Erwartungen von Teilnehmer(inne)n, sind feste Bestandteile des Entwicklungsprozesses. Mitunter werden kleine empirische Untersuchungen im Rahmen von Diplomarbeiten durchgeführt, in denen die Bildungsbedürfnisse der Teilnehmer(innen) in Veranstaltungen der politisch-kulturellen Bildung ermittelt werden.

Im Folgenden werden Entwicklungslinien des Bildungsbedarfs in der politisch-kulturellen Bildung in Bezug auf Inhalte, Seminar- und Vermittlungsformen politischer Bildung skizziert.

Es gibt unübersehbare Tendenzen, Seminarangebote zu favorisieren, in denen es in erster Linie um eine individuelle Weiterentwicklung geht. Sie werden primär unter dem Aspekt des persönlichen Nutzens politischer Bildung für die eigene Lebensgestaltung gesehen. Politische Bildung sollte daher für die Adressaten alltagsnah sein. Die privaten und beruflichen Lebensgrundlagen der Teilnehmer(innen) werden sowohl zum Ausgangspunkt von positionsbestimmenden Analysen als auch zum Ziel positiv zu

---

4 Rudolf, Karsten: Bericht politische Bildung 2002 – Was wollen die Bürger? Eine Marktanalyse zur außerschulischen politischen Bildung in Deutschland. Büdingen: Institut Junge Bürgergesellschaft (IJBG), 2002.

verändernder Praxis in der gemeinsamen Bildungserfahrung. Dies gilt in unserem Programm für alle Angebote.

Empirische Untersuchungen zur Reichweite der politischen Bildung haben festgestellt, dass die politische Bildung lediglich fünf Prozent der Bevölkerung erreicht[5], obwohl ein wesentlich größerer Personenkreis an Bildungsurlauben interessiert wäre. Dabei ist die Aktualität der angebotenen Themen von Bedeutung. In diesem Bericht wird die „politische Neutralität" der Bildungsanbieter für wichtig erachtet. Dies ist ein Aspekt, der bei einem auf persönliche und gesellschaftliche Emanzipation gerichteten Angebot nicht gegeben sein kann.

Nach meiner Einschätzung gerät die (oft nur vorgetäuschte) Neutralität rasch zur Profillosigkeit und kann gegebenenfalls auch zum Verlust von Teilnehmer(inne)n führen. Im Übrigen scheint mir die eindeutig bejahende Haltung zu einer demokratisch-pluralistischen Gesellschaft eine wesentliche Vorbedingung für *jeden* erwachsenenpädagogischen Ansatz, bei *jedem* Anbieter und auch in der nur scheinbar unpolitischen beruflichen Bildung.

Es gilt einen Seminarprozess zu organisieren, in dem konkrete Erfahrungen auf umfassende gesellschaftliche Zusammenhänge bezogen werden, weil spezifische Probleme und Konflikte in allen Lebensbereichen nicht individueller, sondern kollektiver Natur sind.

In seinem „Pädagogischen Poem"[6] spricht Makarenko in Bezug auf politische Bildungsprozesse über drei Arten von Perspektiven, die es zu entwickeln gilt und die die eigenen Erfahrungen sehr gut zusammenfassen: „die individuellen Bedürfnisse (dic nahe Perspektive), die gruppeneigenen Bedürfnisse (die mittlere Perspektive) und die gesamtgesellschaftliche Notwendigkeit (die weite Perspektive)". Sie sollen in der Weise miteinander verbunden werden, dass in der jeweils weiterreichenden Perspektive die dem Einzelnen näheren Perspektiven aufgehoben (im Sinne von „bewahren") werden.

Das Allgemeine wird aus dem Besonderen entwickelt. So verstandene politisch-kulturelle Bildung bedeutet eine Intensivierung des Politischen,

---

5 Vgl. Rudolf 2002. S. 4.

6 Makarenko, Anton S.: Ein pädagogisches Poem – „Der Weg ins Leben". Berlin: Ullstein, 1988.

BU-Teilnehmer(innen) gestalten ein Figurentheater zur 35-Stunden-Woche. Archiv G. Steichen

Sozialen und Kulturellen im Erkennen von Zusammenhängen und im Setzen von Orientierungsmarken im Alltag. Darüber hinaus werden – ganz nebenbei – Sprach- und Ausdrucksfähigkeit geschult und geschärft.

Lebensbedingungen, Alltagskultur (Arbeit, Wohnen, Freizeit), kulturelle und ökologische Inhalte müssen weiterhin als politische Themen entwickelt und behandelt werden. Erziehungs- und Bildungsfragen sind nachgefragt (nicht erst seit „Pisa“) und müssten eigentlich in Familienseminaren behandelt werden. Dazu wäre eine gezielte öffentliche Förderung notwendig, weil solche kostenintensiven Seminarangebote für die Interessierten nicht bezahlbar sind.

Ein wesentliches Ziel im Bildungsurlaub ist der Zugewinn an Selbstverfügung und politischer Mündigkeit. Dazu gehört eine Thematik, die in den letzten Jahren in Seminarangeboten zur Lebens- und Alltagsbewältigung mitbehandelt wurde und gegenwärtig in der betrieblichen Bildung unter dem Begriff der „Work-Life-Balance“ auftaucht. Wir verstehen darunter die Durchdringung der Freizeit durch die berufliche Arbeit. Sie ist vor allem durch den Umgang mit den neuen Kommunikationstechniken möglich geworden. Diese Form der Enteignung notwendiger Reproduktionszeit ist insbesondere für Angestelltengruppen ein Thema.

Die Herstellung von Gegenöffentlichkeit abseits vom Marktfetischismus (z. B. durch die Art der Präsentation von Arbeitsgruppenergebnissen im Seminar und darüber hinaus), die Förderung von Konfliktfähigkeit, d. h. die Fähigkeit des verbalen Austragens und der angemessene Umgang mit Konflikten sind inhaltlich/methodisch sowohl in den beschriebenen BU-Seminaren angelegt als auch Gegenstand ausgewiesener Einzelseminare. Ein Bildungsurlaub kann durch Steigerung von Beziehungs- und Verknüpfungsfähigkeit zum praktischen Experimentierfeld für neue Verkehrs- und Lebensformen werden. Konflikt- und Kooperationsfähigkeit im direkten Umgang miteinander erlauben Perspektivwechsel und sind notwendige Voraussetzungen, um neue soziale Netze zu knüpfen und sich konstruktiv und solidarisch in ihnen verhalten zu können. So verstanden ist eine gelingende Kommunikation von Angesicht zu Angesicht eine Einübung in soziale, politische und kulturelle Praxis zugleich, die verstärkt von Teilnehmer(inne)n eingefordert wird.

Neben Erkenntnismethoden der Wissenschaft wurden und werden auch Erkenntnismethoden der Kunst eingesetzt. Neben die Verständigung durch Worte tritt die Kommunikation durch die Sprache der Bilder. Neben den Diskurs über Welt und Gesellschaft tritt die Entwicklung von Möglichkeiten des planend eingreifenden Handelns.

Visuelle didaktische Optionen wurden inhaltlich und methodisch weiterentwickelt. Visualisierende Methoden halten spezifische Erkenntnismöglichkeiten bereit, deren Relevanz für Bildungsprozesse grundlegend ist.[7]

Angebote, die mit künstlerischen Mitteln der Aneignung und Kommunikation an die sinnlichen Erfahrungen, Fähigkeiten und Fertigkeiten der Teilnehmer(innen) anknüpfen, haben sich bewährt. Mithilfe dieser Mittel können gemeinsam Zukunfts- und Leitbilder entworfen werden, der Abstraktionsgrad wird gesenkt, ohne den Erkenntnisgrad zu beeinträchtigen.

Die Suche nach Sinn in einem erfüllten Leben und die Orientierung am Subjektcharakter des Menschen sind nach wie vor wesentliche Leitlinien emanzipatorischer Erwachsenenbildung.

---

7 Vgl. Hesch, Susanne /Meier, Karsten: Bildung kommt von Bild. Hannover, 1990.

BU-Teilnehmer(innen) der Arbeitsgruppe „Mensch – Maschine" Fotos: Christine Grunert

Im BU-Seminarangebot unterscheiden wir zwischen „stationären" Seminaren, die außerhalb Wolfsburgs mit Unterbringung und Verpflegung durchgeführt werden, und „ambulanten" Seminaren, die jeweils ohne Unterbringung in Wohnortnähe der Teilnehmer(innen) durchgeführt werden. Die Erfahrungen der letzten Jahre haben gezeigt, dass es sinnvoll ist, je nach Seminarform unterschiedliche Inhalte anzubieten. Dies wird auch weiterhin notwendig sein. Derzeit geht die Entwicklung hin zu einwöchigen Bildungsmaßnahmen in ambulanter Form. Themen müssen darauf abgestellt werden.

So sollten in den einwöchigen ambulanten Seminaren regionalpolitisch relevante Themen angesprochen werden wie z. B.:

- Ökologie
- Geschichte
- kulturelle Aspekte
- Wohnraumentwicklung
- das Erkennen und der Umgang mit rechtsradikalen Tendenzen in der betreffenden Region, in einem definierten Einzugsbereich oder in einem konkreten Stadtteil.

In den stationären Wochenseminaren sollten politisch-philosophische Wertefragen und die politische Bewusstseinsbildung im Vordergrund stehen, wie z. B.:

- „Haben oder Sein“
- „Ein Leben jenseits von Geld und Macht“
- „Zukunft der Arbeit“
- „Sehen und Verstehen“.

Weitere sonstige Seminarangebote sollten sich mit diesen Bereichen beschäftigen:

- Kulturgeschichte aus politischer Sicht
- soziale Beziehungen und Kommunikationsformen von Menschen untereinander
- Problemlagen, die sich aus gesellschaftlichen Umbrüchen ergeben.

Rückmeldungen von den Teilnehmer(inne)n aus den Betrieben deuten darauf hin, dass die Höhe der Teilnehmerbeiträge, die von den Bildungsträgern für die BU-Seminare gefordert werden, zunehmend die Teilnahme an den Seminaren be- bzw. verhindern. Der „Bericht politische Bildung 2002“ wies bereits in seinem Fazit darauf hin, dass „die Zahlungsbereitschaft der Bürger und ihre Erwartungshaltung gegenüber dem Staat – trotz der Feststellung zur möglichen Steigerung der Reichweite – darauf schließen (lassen), dass außerschulische politische Bildungsarbeit immer auf Subventionen angewiesen sein wird“[8]. Es ist nahe liegend, dass dieser Aspekt die Tendenz zu ambulanten Seminaren weiter fördert, weil diese Veranstaltungsform kostengünstiger ist als die stationäre. Dies ist insofern zu bedauern, weil gerade in den stationären Seminaren Personenkreise aufeinander treffen, die sonst wenig bis keinen Zugang zueinander haben.

Ziel muss es bleiben, trotz fortschreitender Kürzungen im Erwachsenenbildungsgesetz-Etat die Teilnahme an politisch-kulturellen Bildungsveranstaltungen für diejenigen bezahlbar zu halten, die aufgrund von Flexibilisierung der Arbeitszeiten und der Verdichtung von Arbeitsprozessen – mit

8 Vgl. Rudolf 2002. S. 4.

dem damit verbundenen steigenden Leistungsdruck – kaum noch in der Lage sind, individuell wie auch gemeinsam die Zeit und Kraft für gesellschaftlich und politisch notwendige Lern- und Planungsarbeit aufzubringen.

Ein Blick auf konkurrierende Bildungsangebote in der Region im Jahr 2010 stimmt da wenig hoffnungsvoll:

Für 3,5 Prozent des Bildungsurlaubsangebotes des Bildungszentrums (BZ) Wolfsburg, ehemals VHS, könnte mit viel Wohlwollen ein politischer oder politisch-kultureller Hintergrund angenommen werden. Marktlogik und die marktförmige Integration vereinzelnder Individuen war offensichtlich federführend bei der Planung.

Im Bildungsurlaubsangebot der VHS Braunschweig findet politische oder politisch-kulturelle Bildung nicht statt. Im Gegenteil: Der aufklärenden politischen Bildung wird ein Dienstleistungskonzept entgegengesetzt, das sich in Form unterschiedlichster Anpassungsqualifikationen an der Marktlogik orientiert. Bildungsurlaub wird als strategische Ressource benutzt. Der Anspruch auf individuelle und gesellschaftliche Emanzipation der Menschen ist einer Aufbereitung von „Humankapital" gewichen.

Immerhin das ver.di-Bildungswerk Braunschweig ist im Jahre 2010 mit insgesamt 34 Seminaren der viertgrößte Bildungsurlaubsanbieter in der Region Südost-Niedersachsen. Themen zur Ökologie dominieren das Angebot, gefolgt von Lifestyle und Gesundheit, Softskills und Kultur. Erstaunlich ist bei einem gewerkschaftlichen Bildungsträger, dass Arbeitswelt, Interessenvertretung, Lebensbedingungen, Lebensperspektiven, selbst- und fremdbestimmte Zeitverfügung, Wirtschaftspolitik, Konsumismus, Soziales, Bildung, Widerständigkeit und politisch-philosophische Sinnfragen gänzlich ausgeklammert werden.

Auf die quasi privaten, bundesweiten Bildungsurlaubsangebote ebenso „exklusiver" wie dubioser „kunden- und produktorientierter Marktsemantiker", denen es bei horrenden Teilnehmergebühren nicht um den gemeinsamen sozialen, sondern um den eigenen monetären Zuwachs geht, will ich hier nicht eingehen. Nur so viel: Ihre Angebote kreisen um Verführung, Zerstreuung, Privatisierung – Beratung für Lifestyle, Kaufentscheidungen – und was es sonst noch an leicht erreichbaren Glücks- und Zufriedenheitsversprechen gibt.

Wenn ich einen Wunsch frei hätte … Ich würde mir wünschen, dass sich die politisch engagierten Kolleginnen und Kollegen bei den unterschiedlichen Trägern der Erwachsenenbildung selbstbewusst und solidarisch auf den sogenannten Bildungsmarkt begeben, um sich dort gegen die Marktinteressen zu behaupten.

In einer Gesellschaft, deren Credo ständige Innovation und Beschleunigung für den homo oeconomicus zu sein scheint, müssen individuelle und gesellschaftliche Kompetenzen ständig neu erworben werden, um als homo politicus Urteilskraft zu entwickeln und solidarisch handlungsfähig zu werden, zu sein und zu bleiben.

Die Informationsgesellschaft hat einen neuen, anderen Arbeitsbegriff entwickelt als die Industriegesellschaft. Welt wird verändert und Menschen mit ihr. Viele fühlen sich verloren in schwer durchschaubaren globalen Systemen. Sie sehen die Zukunft nicht nur durch Umweltschäden und Klimawandel bedroht, sondern auch durch die eigene Hilflosigkeit angesichts sich wiederholenden Wirtschaftskrisen in scheinbar unkontrollierbaren, sich verselbständigenden Systemen.

Mit dem Fall der Mauer – eigentlich einem großen Zugewinn an Freiheit – begann der Abbau des Sozialstaates. Seither wird versucht die Menschen auf ihre Funktion als Produzenten und Konsumenten zu reduzieren und sie damit endgültig zum Anhängsel global operierender Märkte zu machen – in allen gesellschaftlichen Bereichen.

Die Ökonomisierung der Bildung, gefördert durch die Verknappung öffentlicher Mittel, hat längst begonnen: Humankapital, Effizienz, Leistungsstandards, Kundenorientierung sind die Schlagworte der Bildungspolitik des 21. Jahrhunderts. Das europäische Bildungswesen gehorcht wirtschaftlichen Effizienzansprüchen. Aus Bildung wird Ausbildung, Wissen wird zur verwertbaren Ware. Von Bildung als Menschenrecht, vom Humboldtschen Bildungsideal, von der Idee der Erziehung zu Freiheit und Selbstverantwortlichkeit ist keine Rede mehr. Im Gegenteil der Markt diktiert, welches Wissen relevant ist.

Die Bildungsfrage lässt sich nicht unabhängig von dem diskutieren, was in der Welt, was in Politik, Gesellschaft und Wirtschaft vor sich geht – und dem was WIR wollen. Jetzt, in Zeiten des Umbruchs ist es notwendig, das

Vertrauen in uns selbst zurückzugewinnen, um nicht bloß getrieben zu sein, sondern auch gestaltend mitzuwirken. Wenn Alternativen – gegen die medial vermittelte, scheinbar naturgesetzliche und schicksalhafte Alternativlosigkeit zu dem Bestehenden – wieder gedacht werden, werden Krisen- zu Erkenntniszeiten.

Ein Hebel ist die politische Bildung, die Entfaltung anerkennender Selbstwirksamkeit im Kleinen wie im Großen. Lasst uns mit Ernst Bloch aus Utopien Kraft für Veränderungen schöpfen: „Verstecktes Heimweh, das vom Vorbewussten und vom Noch-nicht zehrt“[9]. Und Frigga Haug auf dem Boden der Realität rät uns: „Wenn Traumbilder einer Gesellschaft ohne Entfremdung im Gegenwärtigen so stecken, dass Veränderung schwer gedacht werden kann, und wir noch von ihr träumen, gilt es, den Traum auf den Boden der Wirklichkeit zurückzustellen.“[10]

Es ist nicht damit getan, diese oder jene Partei zu wählen. Bürgerliche Parteien behaupten nach Wahlschlappen gebetsmühlenartig, sie hätten Vermittlungsprobleme gehabt, ihre Ziele dem Volk nahezubringen. – Unsere Aufgabe als politische Bildner ist es keineswegs, zu vermitteln, sondern das Gegenteil: Menschen zu ermutigen, den Parteien und den Regierenden die eigenen Forderungen mit Nachdruck mitzuteilen.

„Wir leben in einer Zeit, in der sich Gehirne wieder öffnen müssen. Dafür sind die Fragen wichtiger als die Antworten“, sagt Oskar Negt.[11]

Die Globalisierung fordert neue Ausdrucks-, Organisations- und Widerstandsformen. In jedem Fall sind Bildungsurlaube der politisch-kulturellen Bildung, ob ambulant oder stationär, immer gemeinsame Gedanken- und Ideenreisen auf der Suche nach den richtigen Fragen in Bezug auf existenzielle Lebensthemen und dem darauffolgenden Versuch, Antworten zu finden. Im heutigen Lebensalltag bleibt hierfür kaum mehr genügend Zeit.

---

9 Bloch, Ernst: Das Prinzip Hoffnung. 3 Bde. Frankfurt/Main: Suhrkamp, 1974.

10 Haug, Frigga: Die Vier-in-einem-Perspektive. Politik von Frauen für eine neue Linke. Hamburg: Argument Verlag, 2011.

11 „Signale des Zorns«. Gespräch mit Oskar Negt. In: *Der Freitag*. 27.01.2011.

BU „Zukunft der Arbeit", Teilnehmer-Fotomontage Archiv G. Steichen

„Die Erinnerung an die Tradition des Protestes, die Tradition der sozialistischen Bewegung, die Tradition der Gewerkschaftsbewegung eröffnet Perspektiven in die Zukunft. Die Verbindung von Vergangenheitsverarbeitung und Zukunftsvisionen ist das wichtigste Element der politischen Bildung. Wir müssen uns erinnern."[12]

Wenn oberstes Lernziel unserer Bildungsarbeit die Befähigung zum gemeinsamen, bewusst organisierten und solidarischen Handeln ist, so stelle ich fest: Wir sind noch nicht fertig!

Die Zukunft beginnt jetzt!

12 Ebenda.

Karsten Meier

Es geht darum, Zusammenhänge herzustellen!

Zur politisch-kulturellen Bildungsarbeit von ARBEIT UND LEBEN Niedersachsen in Wolfsburg

Die Bildungsvereinigung ARBEIT UND LEBEN Nds. ist ein gewerkschaftlich orientierter Bildungsträger. Praxis und Theorie verstehen sich in der Tradition und im Erbe der Arbeiterbildung. Ziel ist die persönliche und gesellschaftliche Emanzipation von abhängig Beschäftigten. Das zugrunde liegende Menschenbild sieht die Beteiligten der Seminare nicht nur als Produkt der Verhältnisse, sondern als deren Gestalter. Die Bildungsarbeit berücksichtigt die Bedürfnisse und Interessen der Teilnehmerinnen und Teilnehmer und will dazu beitragen, sie in ihrem demokratischen und selbstbestimmten Handeln zu unterstützen.

Der Begriff der politischen Bildung wird von der Bildungsvereinigung ARBEIT UND LEBEN Niedersachsen in Wolfsburg als expansives Lernen im Sinne Klaus Holzkamps verstanden. Holzkamp definierte Bildung als Weltaufschluss, der dem Subjekt hilft, seinen Handlungsrahmen und die Handlungsmöglichkeiten darin zu erweitern. Er kritisiert die schulische Bildungspraxis, die sich gegenüber der eigentlichen Lebenswelt abkapselt und im Lehr-/Lern-Kurzschluss glaubt, „Stoff" vermitteln zu können, der die Lernenden nur in seltenen Fällen wirklich interessiert.

In der politischen Erwachsenenbildung sind die Subjekte andere als in der Schule. Sie stehen mitten im Leben und kommen freiwillig, um in Bildungsurlauben über den Tellerrand des Arbeits- und Lebensalltags zu schauen. Sie bringen einen Schatz an Erfahrungen mit ins Seminar, wollen sich mit anderen Teilnehmenden austauschen, Zusammenhänge begreifen und gemeinsam politische, alltagsrelevante Handlungsorientierungen erarbeiten.

Der politische Bildungsansatz von ARBEIT UND LEBEN Nds. in Wolfsburg hat sich in den 1980er Jahren entwickelt und versteht sich als ganzheitlicher. Bildung findet nicht nur im Kopf statt, sondern ist immer auch leibbezogen – auf den Körper, die sinnlichen Wahrnehmungen, Gefühle und Handlungserfahrungen. Diesen ganzheitlichen Bildungsansatz hat schon die Reformpädagogik vertreten. Heute wird dies von der Hirnforschung wissenschaftlich untermauert. Gelingendes Lernen findet nur dann statt, wenn es mit positiven Wahrnehmungen, Gefühlen und Erinnerungen verbunden ist, Neugier weckt und das selbstbestimmte Handeln fördert. Lernen funktioniert nicht als passive Weltbetrachtung, sondern nur als neugierig-praktische Weltentdeckung.

Der konzeptionelle Kern der politisch-kulturellen Bildung geht demnach tiefer. Politik wird nicht nur als Staatskunde begriffen, sondern als Organisation des Alltags und Gestaltung unseres Zusammenlebens. Politik ist Teil unserer gesamten Lebensweise und somit nicht allein geprägt von staatlichen Institutionen, sondern Bestandteil geschichtlich gewordener ideeller und materieller Kultur.

Was ist Kultur? Es ist nicht einfach, den Begriff zu fassen, da es sehr unterschiedliche Ansätze seiner Definition gibt. Die weiteste und einfachste Auffassung von Kultur versteht sie als Abgrenzung zur Natur, als all das, was der Mensch in Auseinandersetzung mit Natur hervorbringt. Kultur ist Ausdruck menschlicher Zivilisation in allen ihren ideellen und materiellen Verfahren und Formen. Dies ist der allgemeinste Begriff von Kultur.

Unser Blick auf die Welt

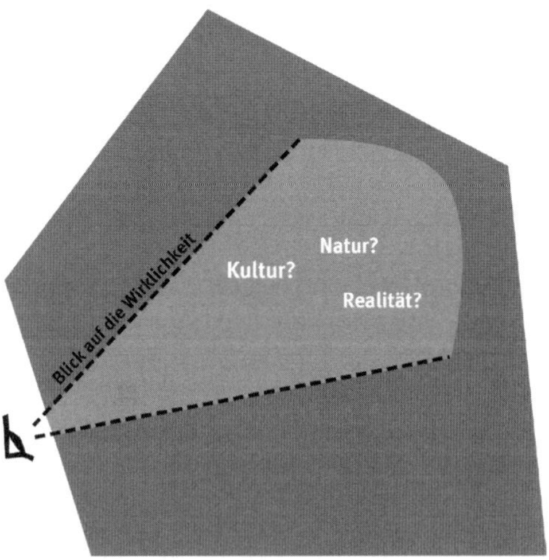

Unsere Wirklichkeit, in der wir aufwachsen und die uns prägt, ist historisch entstanden. Darin sind Natur und Kultur ineinander verwoben. Deshalb haben wir auch keinen objektiven Blick auf die Realität. „Wir kennen die Realität nur in Beziehung zum Menschen, und da der Mensch ein geschichtliches Werden ist, sind auch Erkenntnis und Realität ein Werden, ist auch Objektivität ein Werden", sagt Antonio Gramsci.[1]

Der bürgerliche Begriff von Kultur beschränkt diese gern auf die wissenschaftllich und kritisch definierte Kunstszene in Theater- und Opernhäusern, als Musik- und Kunstevents. Sie nennt sie „Hochkultur' und vermarktet sie. Damit entreißt sie sie ihrer Entstehungsgeschichte und ihrem Bedeutungszusammenhang. Dieser Kulturbegriff klammert Politik, die Arbeitswelt und den Wirkungszusammenhang der Entfremdung durch Herrschaft von ‚oben' aus. Diese ‚Kultur' ist nur auf das Individuum bezogen (ignoriert den Menschen als soziales Wesen), orientiert auf Konsumtion (Unterhaltung und Zerstreuung) und ist ständig auf der Suche nach Neuem und „Innovativem" – letztlich will diese ‚Kulturszene' nur die Verwertung auf speziell dafür geschaffenen Märkten (Kunstmarkt, Modebetrieb, Event- und Medienindustrie etc.). „Die kulturellen Blumen werden ständig von den ideologischen Mächten gepflückt und als ‚unverwelkbare' Kunstblumen von oben nach unten zurückgereicht, eingebaut in die vertikale Grundstruktur des Ideologischen."[2]

Das, was hier starr und kapitalistisch orientiert dargestellt wird, ist in Wirklichkeit aber komplexer und ideologisch umkämpfter. Neben der etablierten Kulturszene, die in sich heterogen ist, gibt es noch widerständige Kulturformen sowie die Alltagskultur mit ihren vielen Facetten.

Aber, um nicht im Allgemeinen und Beliebigen zu bleiben, braucht es eine Orientierung – eine Definition von Kultur, die im besten Sinne humanistisch, aufklärerisch und politisch gemeinwohlorientiert ist. „Es ist unsere Lebensform, die mit Kultur bezeichnet wird. Kultur bleibt nicht nebulös im „Wahren, Schönen, Guten" verborgen, sondern ist täglich konkret zu erleben. Kultur ist in (...) jedem Fall aber auch ein politischer

---

1 Gramsci, Antonio: Gefängnishefte 6, Heft 11, Hamburg. 1992, § 17, 1412.

2 Projekt Ideologietheorie: Theorien über Ideologien, Berlin West. 1979, S. 184.

Begriff, in dem es um Anpassung und Widerstand, um Denken und Nicht-Vergessen geht. Kultur zeigt sich in Bewegung, in Veränderung. Kultur hat mit Arbeit zu tun – es geht um die Frage, wer Subjekt in der Produktion ist, wer bestimmt, was, wann, wo und wie produziert wird."[3]

Man braucht nur einmal Kolleginnen und Kollegen im Betrieb zu fragen, was Kultur sei, so werden sie gerade auch das als Kultur bezeichnen, was sie produzieren. In Wolfsburg ist das in erster Linie Autos. Die „VWler" wissen, sie bauen hochwertige Produkte, die technisch gesehen zu den besten der Welt gehören. Das Auto ist Produkt sowie Vergegenständlichung seines Entstehungsprozesses und gesellschaftlichen Bedürfnisses. Ein Auto vereinigt in sich

- die materielle Kultur (Produktion und Produkt),
- die ideelle Kultur (Planung, Verfahren und Bedürfnis/ideologische Lebensweise[4])
- und die Frage, des gesellschaftlichen Gebrauchs, Organisation (Verkehrspolitik/Regelungen der Infratstruktur).

Anfang der 80er Jahre haben Georg Kiefer und wir Student(inn)en im Arbeitskreis Kulturarbeit an der Hochschule für bildende Künste in Braunschweig uns der Aufgabe gewidmet, Verfahren und Theorieansätze politisch-kultureller Bildung zu entwickeln und für die Arbeiterbildung nutzbar zu machen. Ergebnis dieses Forschens und Erprobens waren auf methodischer Seite diverse Verfahren, die sich künstlerischer Techniken bedienten. Das waren u. a. Körperarbeit und Konfliktklärung mit darstellerischen Mitteln (Standbilder und Rollenspiele), Darstellungen von Arbeitsplätzen und Alltagszusammenhängen mit zeichnerischen Mitteln, bildhafte Montagen als semantische Ergänzungen (Tormontagen), als Leibzusammensetzungen (Legetrick) oder klassische Fotomontagen. Immer ging es darum, vorhandene Sprach- und Ausdrucksmöglichkeiten der Beteiligten zu nutzen und zu erweitern, gleichzeitig die klassische Sprach- und Textarbeit in Seminaren mit Visualisierungsmethoden zu

3 Hesch, Susanne /Meier, Karsten: Bildung kommt von Bild, Hannover. 1990, S. 46.

4 Das Auto ist ideologisch besetzt, Ausdruck dessen ist z. B. der ADAC-Slogan: „Freie Fahrt für freie Bürger".

ergänzen, um insbesondere auch emotionale Realitätsbezüge herzustellen und den gemeinsamen Diskurs zu verdichten.[5]

Als zugrunde liegender Kulturbegriff wurde in Ausdifferenzierung des allgemeinen Kulturbegriffs ein Schema entwickelt, das fünf kulturelle Felder definierte, in denen sowohl die ideelle und materielle Kultur, wie auch deren Schnittmenge, die gesellschaftlich institutionelle Organisation aufgehoben sind. Das Kulturschema unterscheidet fünf kulturelle Felder. Es differenziert nicht nur zwischen der materiellen und ideellen Kultur, sondern unterscheidet noch einmal in stofflich und geistig geprägte Prozesse in der Produktion, wie die daraus erschaffenen gegenständlichen Formen (materiellen Produkte – im Gegensatz zu natürlich gegenständlicher Formen) und die Gesamtheit geistiger Ideen, Pläne, Modelle (ideellen Produkte). Das Feld der Organisation und Institutionen ist sowohl ideell wie materiell geprägt. Der Bereich bezieht sich auf die Organisation der gesellschaftlichen Produktion, wie und womit kommuniziert wird sowie

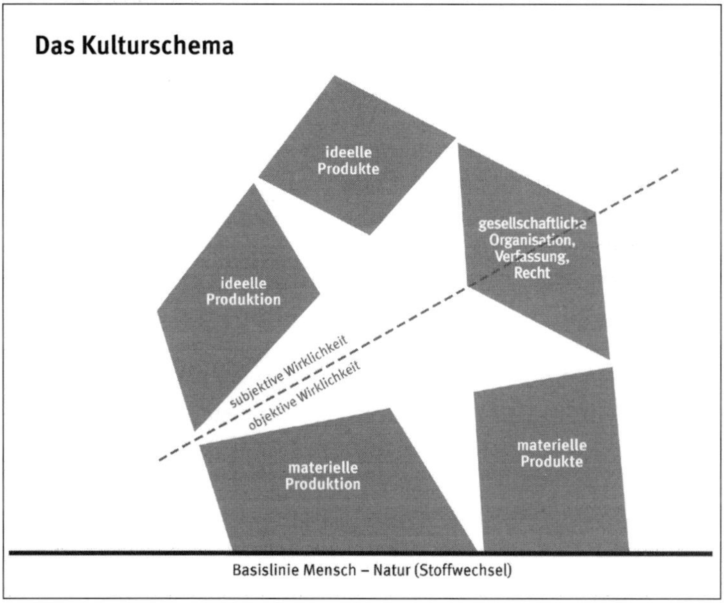

5 Siehe dazu Hesch, Susanne /Meier, Karsten: Bildung kommt von Bild ... – Mittel und Methoden der politisch-kulturellen Bildung, Hannover. 1990.

die Organisation von Staat, Recht, Militär und Polizei, Gewerkschaften, Vereinen bis hin zu Familie und Partnerschaft.

Das Kulturschema gibt aber noch keinen Aufschluss darüber, was Kultur ist. Es zeigt lediglich eine äußere Hülle, in der Kultur vorkommt. Für die Bildungsarbeit bei ARBEIT UND LEBEN Nds. in Wolfsburg hatte dieses Schema trotzdem eine orientierende Funktion, weil in den 80er Jahren – in Zusammenarbeit mit Studierenden von der Kunsthochschule Braunschweig – zu jedem Kulturfeld Seminarkonzepte entwickelt wurden, die dieses Feld in besonderen Augenschein nahmen und sich gleichzeitig auf alle Bereiche des Kulturschemas bezogen. Erste beispielhafte Seminartitel waren:

- *„Zukunft der Arbeit"* – mit Schwerpunkt auf die materielle Produktion, ihren Veränderungen (Rationalisierung) und deren Auswirkung auf die Menschen,

- *„Arbeit – Freizeit – Wohnen"* – mit der Perspektive auf alle Lebensbereiche des Alltags, des jeweiligen Umfeldes und den Organisationsformen (Orte des Arbeitens, Wohnens und Lebens),

- *„Geh' mir aus der Leitung!"* – Ein Medienseminar mit Schwerpunkt auf den idellen Produkten, ihrem Gebrauch und ihrer Vermittlung in einer Mediengesellschaft,

- *„Der Mensch lebt nicht nur von Brot allein!"* – mit Schwerpunkt auf der kritischen Untersuchung industrieller Nahrungsmittelproduktion in Landwirtschaft, Industrie und Entwicklungsländern,

- *„Geschichte Wolfsburgs"* – Entwicklung einer jungen Industriestadt – städtebauliche Geschichte (materielle Produktion) verbunden mit biografischen Erfahrungen (ideelle Produktion).

Die Palette von Themen im Bildungsurlaubsprogramm von ARBEIT UND LEBEN Nds. in Wolfsburg erweiterte sich rasch. Diese Entwicklung wurde begünstigt durch die Einstellung Guérin Steichens als pädagogischer Mitarbeiter, der sich schon in dem Aufbaustudium „Experimentelle Umweltgestalter" an der HBK-Braunschweig eingehend mit der Frage von

Arbeiterbildung und Aneignung von Lebensumfeldern beschäftigte[6] und die politisch-kulturelle Bildungsarbeit in Wolfsburg maßgebend vorantrieb.

Eine weitere Entwicklung förderte die gesellschaftspolitische Auseinandersetzung mit der kulturellen Frage: Die IG Metall startete ihre Kampagne zur Arbeitszeitverkürzung. Dem Vorstand war es gelungen, einen breiten gesellschaftlichen Konsens zur Forderung nach einer 35-Stunden-Woche herzustellen. Auch Intellektuelle und Künstler(inn)en schlossen sich der Bewegung an. Grundlage des Tarifkampfes war die 3. industrielle Revolution ab Mitte der 70er Jahre des letzten Jahrhunderts. Neue Produktionverfahren, basierend auf der Erfindung des Mikrochips und dessen stetiger Leistungssteigerung, hielten Einzug in die Betriebe. Unter kapitalistischem Profitstreben kehrten sich diese wieder gegen die Menschen, denn gerade einfache Tätigkeiten wurden durch flexible Automatisierung überflüssig und konnten als Extraprofite gegenüber der technologisch hinterherhinkenden Konkurrenz realisiert werden. Bis heute schwappt eine Rationalisierungswelle nach der anderen in die Betriebe, diese schaffen Arbeitslosigkeit und Verunsicherung unter den abhängig Beschäftigten.

Immer mehr mit immer weniger Menschen produzieren zu können, hat aber auch eine kulturelle Seite, wenn man die Produktivkraftentwicklung nutzt, um sie allen zugute kommen zu lassen und Menschen von notwendiger Arbeit zu befreien. Damals wie heute muss die Forderung nach Verkürzung der Arbeitszeit nicht nur gegen die Kapitalseite, sondern auch gegen die Einkommensinteressen von abhängig Beschäftigten durchgesetzt werden. In den ersten 1980er Jahre gelang dies mit dem naheliegenden Argument, Arbeitslose wieder ins Erwerbsleben zurückzubringen. Gleichzeitig fand ein breit angelegter Diskurs um ein besseres und lebenswerteres Leben statt. Mehr freie Zeit heißt mehr Zeit für ‚freie' Arbeit. Es ist vor allem die Befreiung von notwendiger Arbeit, die Zeit für kulturelle Aktivitäten schafft, die das Leben reicher machen. „Auf Schaffen disponibler (= frei verfügbarer, KM) Zeit beruht die ganze Entwicklung des Reichtums", sagt Marx[7] und setzt dem konsumtiven Reichtum einen

6 Rehfeuter, Marita/ Steichen, Guérin: Arbeiterbildungsseminare als Ansatz über gemeinsame Aneignung die eigenen Lebensbedingungen zu verbessern, HBK-Braunschweig. 1978.

7 Marx, Karl: Grundrisse der Kritik der politischen Ökonomie, Berlin (Ost). 1974, S. 301.

kulturellen entgegen. Die IG Metall-Jugend brachte es auf den Punkt: „Fünf Stunden mehr für Liebe und Verkehr!"

Das Thema Zeit war und ist ein kulturelles Schlüsselthema. In der Phase des politisch-kulturellen Aufbruchs und Widerstehens im Kampf um die Arbeitszeitverkürzung blühte auch die politisch-kulturelle Bildungsarbeit auf. Wurde die ‚Kulturarbeit' im Tarifkampf noch nicht als Lebensform begriffen, sondern mehr als schmückendes Beiwerk, hatten sogenannte Kulturseminare, wie sie insbesondere von der IG Metall, der IG Chemie und der HBV im Jugendbereich organisiert wurden, einen neuen Status: Sie wurden zu Orten der Vorwegnahme eines solidarischen, forschenden und kulturellen Zusammenlebens.

Auch die Bildungsurlaube von ARBEIT UND LEBEN Nds. in Wolfsburg, in denen der politisch-kulturelle Ansatz schon vorher eingeführt worden war, hatten einen regen Zulauf und das Angebot wurde stetig ausgeweitet.

Dieser Bildungsboom in der gewerkschaftlichen Bildungsarbeit war konzeptionell nicht bruchlos und einheitlich. Nach Durchsetzung der 35-Stunden-Woche führte die Reaktion des Kapitals (Erschwerung der betrieblichen Umsetzung, Ausscheiden aus dem Flächentarif und vor allem Verdichtung der Arbeit nach innen) bei den Belegschaften zu entsprechenden Abwehrkämpfen, aber auch zu Frustrationen. Die gewerkschaftsorientierten Bildungsarbeiter(inn)en zerstritten sich mal wieder in Richtungsstreitereien. Diese Debatten Mitte/Ende der 1980er Jahre wurden erbittert aus zwei Richtungen geführt. An den beiden Extrempositionen des Streits standen stellvertretend das IG Metall Bildungszentrum Sprockhövel einerseits und die Bildungsstätte der IG Chemie in Oberursel andererseits. Sprockhövel vertrat einen gesellschafts- und ideologiekritischen, Oberursel einen künstlerisch-subjektorientierten Standpunkt. Gegenseitig beschimpfte man sich entweder als unpolitisch-gefühlige Individualisten oder starrköpfig-dogmatische Rationalisten. Für uns Kulturarbeiter und Erwachsenenbildner aus Braunschweig war das befremdend, weil Einmischung in gesellschaftliche Auseinandersetzungen und Subjektbildung zwei Seiten ein und derselben Medaille sind und kulturell betrachtet ein dialektisches Ganzes bilden.

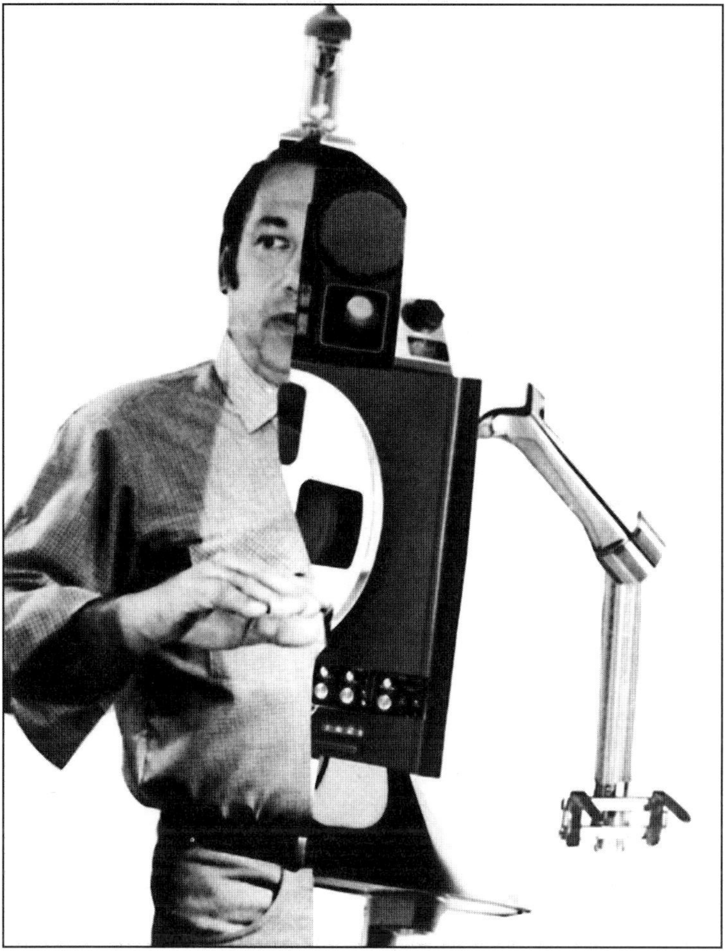

Teilnehmer-Montage: „Die Verwandlung des VW-Arbeiters Heinz K.“ Archiv G. Steichen

Grundlage des Politisch-Kulturellen in der Bildungsarbeit ist der wertende Charakter von Kultur. Denn Kultur entsteht aus der Tätigkeit des Menschen und ist in erster Linie orientierend, prognostizierend und wertend. Dabei ist die Arbeit selbst noch kein kultureller Prozess – weder als abstrakte Arbeit (Tauschwertproduktion) noch als unmittelbar konkrete Arbeit (Gebrauchswertproduktion aus Notwendigkeit heraus). Erst die ‚freie' Arbeit produziert kulturelle Werte, durch die der Mensch sich allseitig in einem geschichtlichen und gesellschaftlichen Prozess entwickelt. Denn Kultur ist nicht individualistisch, sondern auf Zusammenarbeit gerichtet, auf „Assoziation, worin die freie Entfaltung eines jeden die Bedingung für die freie Entwicklung aller ist",, wie es Karl Marx formuliert, und in der die assoziierten Produzenten „ihren Stoffwechsel mit der Natur rationell regeln, unter ihre gemeinschaftliche Kontrolle bringen, statt von ihm als einer blinden Macht beherrrscht zur werden."[8]

Auf der Gegenseite zur Kultur steht die Barbarei. Sie ist die Praxis menschlicher Entfremdung und Knechtung, in der „die Produktivkräfte und die Verkehrsformen sich so weit entwickelt haben, dass sie unter der Herrschaft des Privateigentums zu Destruktivkräften geworden sind.[9] Das ist in Zeiten eines neoliberal ideologisierten Globalkapitalismus und seinen wirtschaftlichen Blasen und Krisen, Kriegen, Hungersnöten, Migrationsbewegungen sowie ökologischen Zerstörungen leider kein historisch überholter, sondern ein immer noch hoch aktueller analytischer Ansatz. Wir leben nicht in der bestmöglichen aller Welten, sondern eher in der schlechtmöglichsten.

Bildung ist im besten Falle ideelle Kulturproduktion, wenn sie sich als Einheit von Arbeit, Leben, Forschen und Lernen versteht und auf Selbstbestimmung, demokratisches Betragen und Solidarität zielt.

Gegenstand und Handlungsfeld unserer Bildungsarbeit bei ARBEIT UND LEBEN Nds. in Wolfsburg ist die gemeinsame Alltagskultur. Ein für die Bildungsarbeit brauchbarer Kulturbegriff muss also

- umfassend (das Allgemeine einschließen),
- alltagstauglich (auch das Besondere erfassend),
- auf humanistische Entwicklung gerichtet,
- und damit wertend sein, um sich gegenüber barbarischer Vereinnahmung und Machtausweitung abzugrenzen.

Für uns politisch-kulturelle Bildungsarbeiter(inne)n und ehemalige Student(inn)en von der Kunsthochschule Braunschweig waren theoretische

8 Marx, Karl: Kommunistisches Manifest, MEW 4, Berlin (Ost): 1983, S. 482 und ders.: Das Kapital III, Band 25, Berlin (Ost). 1983, S. 828.

9 Marx, Karl: Deutsche Ideologie, MEW 3, Berlin (Ost). 1983, S. 424.

Überlegungen mit unserem Mentor Georg Kiefer hilfreich, um den politisch-kulturellen Bildungsansatz theoretisch-konzeptionell begreiflich machen zu können. Resultat war die Weiterentwicklung des Kulturschemas zu dem ‚Kulturmodell', das Georg Kiefer 1985 erstmals in einer Broschüre einer breiteren Leserschaft vorstellte.[10]

Das Kulturmodell

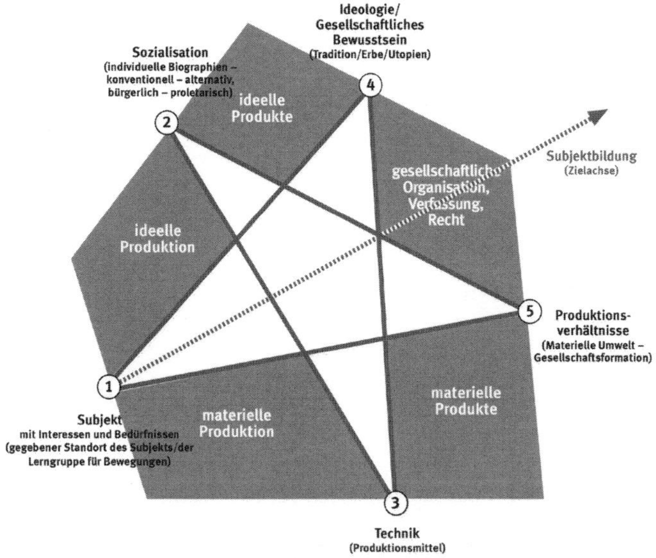

Das Modell basiert auf dem Kulturschema und vernetzt dieses, indem es die Eckpunkte zwischen den Bereichen definiert und lässt damit analytische Zusammenhänge entstehen, die konzeptionelle Bedeutung für Bildungsprozesse haben: Ein Lernprozess beginnt mit einer Fragestellung, einem Problem, das gelöst, Widersprüchliches, das ausgelotet und geklärt werden will. Ob für Einzelne oder Lerngruppen, immer sind es Bedürfnisse und Interessen, die zum Handeln drängen und gegebenenfalls erfordern, forschend zu lernen, um Orientierungen für ein erfolgreiches Handeln zu erarbeiten. Diese Bedürfnisse und Interessen bestimmen den Standort des Lernsubjekts zu Beginn eines Bildungsprozesses und geben das Ziel vor (1).

10 Kiefer, Georg: Beiträge zur Kultursemiotik, Braunschweig. Typoskript 1985.

Das Kulturmodell und die Frage nach der „Hegemonie“

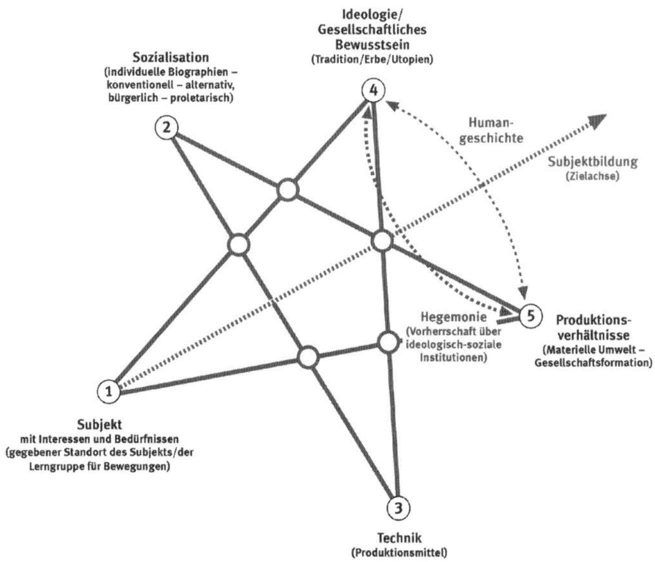

Das Ziel von Subjektbildung ist auf Zukunft gerichtet und als Perspektivfenster zwischen den gegebenen materiellen Verhältnissen einerseits und dem, was gesellschaftlich im jeweiligen historischen und ideologischen Diskurs steht, andererseits. Denn Subjektbildung will die wirkliche Welt verändern (Linie 1–5), kann dies aber immer nur vor dem Hintergund gesellschaftlicher Vorstellungen und Erfahrungen (Line 1–4). Subjektbildung vollzieht sich als Vernetzung von materieller und ideeller Kultur und zielt auf Organisation – der Organisation von Erfahrungen im Bewusstsein und der Organisation von Produktivkräften in gesellschaftlichen Verhältnissen.

Politisch-kulturelle Bildung arbeitet an unseren subjektiven Haltungen. Wir sind „Produkt der Einverleibung einer sozialen Struktur“, wie Bourdieu sagt, und das sind mehr als Vorstellungen oder Glaubenssätze. „Was der Leib gelernt hat, das besitzt man nicht wie ein wiederbetrachtbares Wissen, sondern das ist man.“[11] Versteht man Ideologie nicht wie her-

11 Bourdieu, Pierre: Sozialer Sinn. Kritik der theoretischen Vernunft, Frankfurt/Main. 1987, S. 135.

kömmlich als „falsches Bewusstsein", sondern im Gramscischen Sinn als Funktionsweise von Praxis- und Herrschaftsformen, ist politisch-kulturelle Bildung Ideologiekritik. Sie arbeitet an der Analyse ideologischer Macht und ihrer Apparate, deckt ihre Funktionsweise auf und bezieht Alternativerfahrungen ein. Dabei geht es einerseits darum, sich Bestehendes immer wieder neu anzueignen und zu bewerten, andererseits aber das ‚In-Möglichkeit-Seiende' (Bloch) für das politisch-organisierende Handeln zu entdecken. Subjektbildung ist Arbeit an konkreter Utopie. Was gesellschaftlich denkbar bzw. veränderbar ist, vermittelt sich über das Konkrete, über die Alltagspraxis der Individuen. Wertmaßstab ist Demokratie mit dem Ziel der gemeinschaftlich organisierten und konsensualen Kontrolle der gesellschaftlichen Lebensbedingungen. Es bleibt eine hegemoniale Frage, welche Interessen sich weiterhin durchsetzen: Bleibt das atomisierte und zerstörerische Profitinteresse weiterhin dominant bestimmend oder gelingt es, dem Gemeinwohl immer mehr Raum zu geben und entsprechende Modelle und Organisationen zu schaffen, die ein friedliches Miteinander in Frieden ermöglichen.

In der Bildungspraxis geht es nicht darum, die Teilnehmer(inne)n von irgendwo „abzuholen" und sie dann auf den „richtigen Weg zu führen". Erwachsene sind schon einen weiten Weg gegangen und somit geht es darum, der Lerngruppe einen Beginn am Standort (1) zu ermöglichen. Wir nennen die Eingangsphase im Seminar die „Erfahrungshebung". Sie dient didaktisch der Fokussierung auf Themen und Fragestellungen im weiteren Seminarverlauf. Bezogen auf das Modell beleuchtet sie einerseits die jeweilige Sozialisation der Teilnehmer(inne)n (2) –also die Frage, wie und wo sie aufgewachsen sind, welche „Einbildungen" gemacht wurden –, anderseits ist danach gefragt, welche Qualitäten und Kompetenzen die Teilnehmer(inne)n in ihrer „technischen" Ausbildung erfahren haben und welche konkreten Arbeitserfahrungen sie machen (3).

Wichtig ist es, die Lerngruppe in einen sozialen Diskurs zu bringen, der nicht nur von verbalen Äußerungen bestimmt ist, sondern auch visualisierende Methoden zur Analyse anbietet. Diese gewährleisten, dass alle Sinne, Gefühle, „inneren Bilder", Fähigkeiten und Erfahrungen der Teilnehmer(inne)n in der Generierung kollektiven Wissens beteiligt sind.

Auch die Sozialformen sind – je nach Inhalt oder Thema – variabel. Nicht immer sind Arbeitsgruppen die beste Form, auch Einzelarbeit ist wichtig, um „zerstreutes“ Alltagsbewusstsein sichtbar zu machen. Plenen dienen der Zusammenführung von Arbeitsergebnissen und Klärung des weiteren Vorgehens. Sie sollten aber zeitlich kurz gehalten werden.

Leitlinie der gemeinsamen Organisation des Lernprozesses ist die Zielachse des Kulturmodells, denn immer dann, wenn die Ausrichtung von Bildungsmaßnahmen von der Zielachse abweicht bzw. nicht zu ihr zurückführt, wird Subjektbildung verfehlt:

1: Bildung als Meinungsaustausch (Zerstreutes bleibt additiv nebeneinander stehen)

2: Traditionelle ‚berufliche Bildung' unter Anpassung an betriebswirtschaftliche Erfordernisse (insb. Technikanpassung)

Das Kulturmodell als Maßstab von Bildung

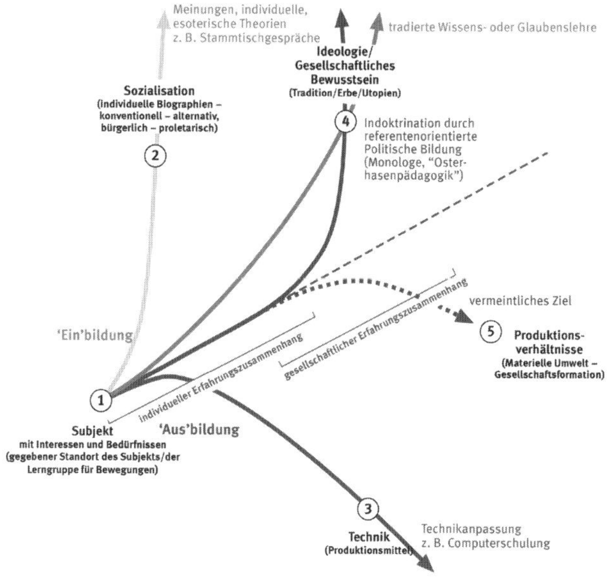

3: Bildung als Unterricht in tradierten Wissens- bzw. Glaubenssätzen (z. B. ‚Konfirmandenstunde', aber vielfach auch ‚Allgemeinbildung')

4: gut gemeint und doch daneben: z. B. Marx' Mehrwerttheorie, soziologische Interpretationen der gesellschaftlichen Verhältnisse von Dozent(inn)en vorgetragen. Im Glauben „Bewusstsein zu schaffen", um gesellschaftliche Verhältnisse zu verändern, werden Teilnehmer(inne)n indoktriniert und unmündig gehalten.

Die Zielachse des Modells dient zur Orientierung. Der Lernprozess bewegt sich aber niemals gradlinig an ihr entlang, sondern stellt Bezüge zu allen Eck- und Schnittpunkten des Modells her – ist zwischen Start und Ziel völlig offen und allein bestimmt von analytischen Frage-/Problemstellungen der Lerngruppe.

Auch inhaltlich geht der Forschungsprozess über den sonst in der gewerkschaftliche oder gewerkschaftlich-orientierte Bildung üblichen Lernort Betrieb hinaus. Es werden alle Erfahrungen und Lernorte des Alltags relevant und in Zusammenhang gebracht. Dazu gehört auch das grundlegende

Bewegungen in der subjektiven Aneignung von Wirklichkeit

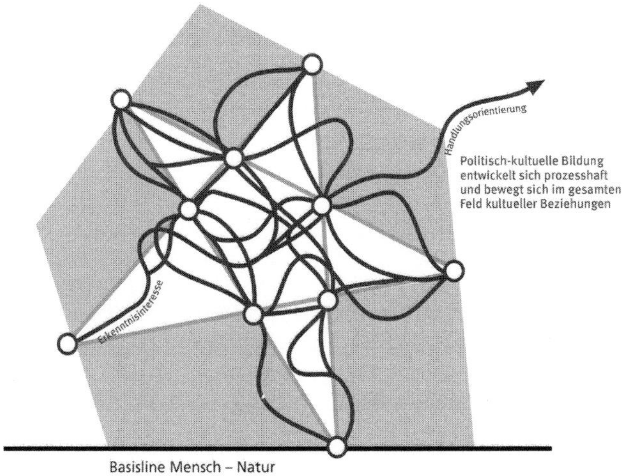

Mensch-Natur-Verhältnis, das an der Basislinie – der lebenserhaltenden Aneignung und Vergegenständlichung von Natur – in den Blick gerät. An dieser Schnittstelle stellt sich die Frage nach ökologischer Nachhaltigkeit und erfordert Kritik an dem scheinbar so unangreifbarem Streben nach grenzenlosem wirtschaftlichem Wachstum.

Es geht in einem politisch-kulturellen Bildungsprozess darum, sich auf den Weg zu machen. Es sind nicht Antworten, aus denen Lernen erfolgt, sondern Fragen, die beantwortet werden wollen. Bildung heißt, selbst zu forschen. Ein gutes Leben in Gemeinschaft ist das Ziel. Das Kulturschema steckt den Rahmen ab, und das Kulturmodell mögliche Bewegungen und Zusammenhänge. Das Wohin klärt sich aus den jeweiligen Fragestellungen der Teilnehmer(inne)n und den Widersprüchen des alltäglichen Arbeitens und Lebens. In ihnen geht es um Bedeutungen und das Hinterfragen von schon Bedeutetem – gesellschaftliche Mythen, die uns verwirren (sollen). Forschen und Lernen hinterfragen Zusammenhänge und stellen neue her. So entsteht der Dreisatz:

Der Weg ist das Ziel.

Ohne Weg kein Ziel.

Der Sinn bestimmt die Richtung.

Rocco Artale

Politische Bildung im Spannungsfeld zwischen Migrationserfahrung und Integrationsproblemen

Die politische Bildung soll den Angehörigen von Mehrheiten wie Minderheiten grundlegende gesellschaftliche und politische Kenntnisse und Einsichten vermitteln, damit beide Seiten im gesellschaftlichen, politischen und kulturellen Kontext einen besseren Umgang mit der Einwanderungssituation entwickeln und nationalistische, ethnozentristische und monokulturelle Denkweisen überwinden. Ihr Urteilsvermögen soll geschärft und eine kritische Loyalität zu allen gesellschaftlichen Akteuren und Institutionen ausgebildet werden. Politische Partizipation, gesellschaftliche Integration und Verteidigung demokratischer Errungenschaften sind hier wichtige Ziele. Weil die Globalisierung nicht nur unsere Wirtschaft bestimmt, sondern auch zunehmend den persönlichen Alltag aller Menschen, wird es immer wichtiger werden, sich auch mit Menschen mit anderen kulturellen Hintergründen erfolgreich zu verständigen.

Seit etwa 35 Jahren begleitet ARBEIT UND LEBEN mit seinen Bildungsurlaubseminaren engagiert die Einwanderungsgeschichte in Wolfsburg. Inwieweit das beidseitige Bemühen um Integration, das jede Zuwanderung erfordert, jedoch gelingt, zeigt sich zuallererst in der Lebenswirklichkeit der Kommunen. Die Städte, Kreise und Gemeinden sind die Orte, an denen die Auswirkungen erfolgreicher oder misslungener Integration zu spüren sind. Zum Beispiel daran, dass dort ein positives soziales Klima herrscht, dass die Migranten und ihre Kinder gut ausgebildet sind und wichtige Beiträge in der städtischen Gemeinschaft oder im Berufsleben leisten, und daran, dass die Mitglieder der Aufnahmegesellschaft offen und neugierig sind, oder auf der anderen Seite daran, dass jugendliche Migranten schlecht ausgebildet sind und kaum Chancen auf dem Arbeitsmarkt haben und dass Nachbarschaften wie Migranten und Flüchtlinge mit chaotischen Zuständen wie zum Beispiel primitiven Sammelunterkünften überfordert werden. Viele Kommunen, so auch Wolfsburg, stellen sich dieser Herausforderung.

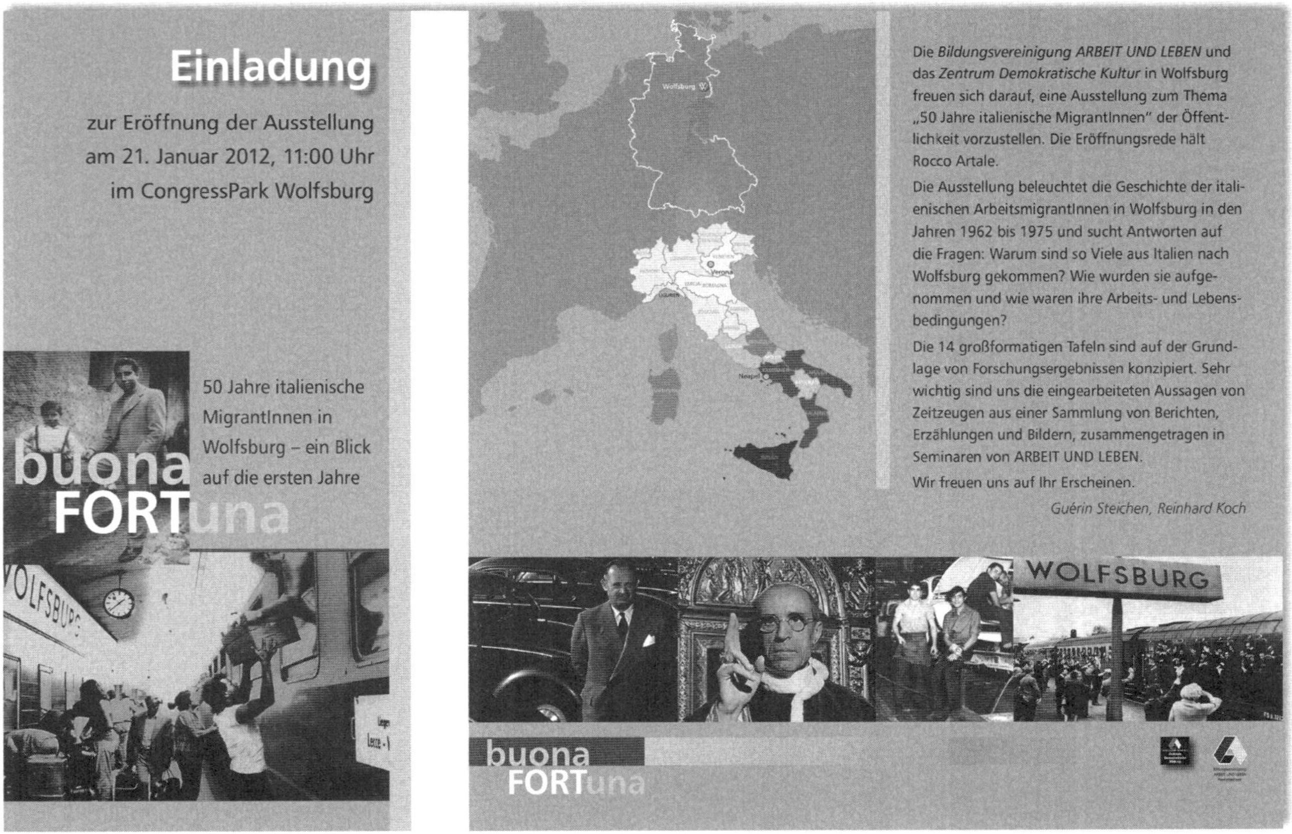

Titel und Seiten aus dem Faltblatt zur Ausstellungseröffnung „Buona Fortuna"

Die Integration von Zuwanderern ist längst zur Zukunftsfrage geworden und ein bedeutender Faktor für den sozialen Zusammenhalt in den Kommunen, aber auch zunehmend in der Wirtschaft. Gerade vor dem Hintergrund des demographischen Wandels und dem absehbaren Mangel an Facharbeitskräften ist es entscheidend, die jungen Leuten mit Migrationshintergrund zu fördern, sodass sie ihre Potenziale entwickeln und nutzen können, statt sie zu vernachlässigen oder zu verdrängen.

Lernprozesse in der Einwanderungsgesellschaft sollen den reflektierten Umgang mit sozialen, politischen und kulturellen Konflikten fördern und Einstellungen und Verhaltensweisen begünstigen, die ebenso auf Begegnung, Austausch und Verstehen wie auf Selbstreflexion, wechselseitige Kritik und Beurteilung ausgerichtet sind. Dies baut wiederum ethnozentristische, fremdenfeindliche bzw. (kultur-)rassistische und fundamentalistische Orientierungen ab und vermindert die Tendenz, ungelöste soziale Probleme in ethnische Konflikte zu transformieren bzw. soziale Konflikte vorschnell auf ethnischen Nationalismus bzw. religiös-kulturellen Fundamentalismus zurückzuführen. Mehrheits- und Minderheitskulturen sind historisch-dynamische Phänomene und insofern veränderbar.

Rocco Artale (vorn rechts) mit Teilnehmer(innen) Foto: Archiv A+L Wolfsburg

Der soziale und kulturelle Wandel, der mit den Immigrationsprozessen unweigerlich einhergeht, und die Anerkennung und Akzeptanz dieser Veränderungsprozesse in allen Teilen der Gesellschaft fordern daher die Qualifizierung und Sensibilisierung für Lernprozesse auf beiden Seiten – so begreift ARBEIT UND LEBEN Niedersachsen in Wolfsburg, dessen Referent und Vorstandsmitglied ich viele Jahre war, seinen Bildungsauftrag im Bereich der Migrationsgeschichte.

Stephan Krull

Wolfsburg: Zwischen Identifikation und Verdrängung

Volkswagen – vom Musterbetrieb zum Modellunternehmen?

Auch mehr als 75 Jahre nach Gründung der Stadt Wolfsburg – damals als „Stadt des KdF-Wagen" – und des Volkswagenwerkes ist die unzureichende Aufarbeitung ihre Geschichte ein gesellschaftliches Problem und eine große Herausforderung für die politische und historische Bildungsarbeit.

Als die Stadt Wolfsburg im Sommer 2013 ihren 75. Gründungstag unter dem Motto „Wolfsburg 75 – beeindruckend jung" beging, schrieb der Informationsdienst „Rundblick Niedersachsen":

> *„In den bislang bekannten Materialien zum Jubiläum geht es vor allem um Identifikation und Zukunft der Stadt und um die Herausforderungen der kommenden Jahre. Eine Auseinandersetzung mit der Geschichte und Gründung der Stadt während des Nationalsozialismus wird es nicht geben. Eine Sprecherin der Stadt begründet die Entscheidung damit, dass die Gründungsgeschichte im Dritten Reich durch wissenschaftliche Studien bereits „gut erforscht" sei."*[1]

Die Stadt wollte sich und ihr Jubiläum ohne Erwähnung der Anfänge feiern: Diese fallen (schon rein rechnerisch) in das Jahr 1938, als Adolf Hitler, Führer des faschistischen Deutschland, den Grundstein in Wolfsburg legte. Unter dem Jubel von 70.000 begeisterten Claqueuren wurde ein größenwahnsinniges und verlogenes Versprechen an die „arische" Bevölkerung gerichtet, eine Bevölkerung, die in großem Umfang bereitwillig diesem Regime und seinen irrwitzigen Versprechungen gefolgt war. Stadt- und Werksgründung sind untrennbar mit Zwangsarbeit und Rüstungsproduktion für einen verbrecherischen Krieg und dem Tod von 60 Millionen Menschen verbunden, die es ohne die Mordmaschine der deutschen Industrie nicht gegeben hätte: Soldaten wie Zivilisten, vor allem Juden oder jene, die im Sinne der NS-Rassendefinition als Juden galten,

1 http://www.rundblick-niedersachsen.de/2013/0095.html.

Berlin am 2. März 1938: Ferdinand Posche erläutert seine Planung zur „Stadt des KDF-Wagens“.

Kommunisten, Sozialdemokraten, bürgerliche Liberale, Bürger der Sowjetunion und vieler anderer Völker. Volkswagen war ein nicht unwesentlicher Teil dieser Mordmaschine von Krieg und Holocaust.

Ein weiteres, gewichtiges Problem bei der Aufarbeitung ist die bis heute wirkende Verklärung von Ferdinand Porsche, Auftragnehmer der Nazis. Er war nicht der geniale Konstrukteur, als der er bis heute in Wolfsburg verehrt wird, sondern ein kühl kalkulierender Wehrwirtschaftsführer, der Zwangsarbeiter und KZ-Häftlinge als Arbeitssklaven für die Fabrik und seinen Profit ausbeutete, dabei ihren Tod in Kauf nahm, und den sagenhaften Reichtum des Porsche/Piëch-Familienclans auf diese Ausbeutung gründete.

Althergebrachte Haltungen

Wer erinnert sich nicht an die Sparkassenwerbung: mein Haus – mein Auto – mein Boot. Auf Campingplätzen und in Hotels sind Beschäftigte von Volkswagen für ähnliche Prahlerei bekannt: meine Arbeit – mein Werk– mein Auto. Sie kommen aus dem größten Betrieb, verdienen am meisten, arbeiten am kürzesten, haben den mächtigsten Betriebsrat und den stärksten gewerkschaftlichen Vertrauensleutekörper und geigen dem Vorstand sowieso ständig die Meinung – so machten sie andere Menschen glauben oder versuchen es zumindest.

Entsprechend ist der Ruf von Volkswagen-Beschäftigten in überörtlichen Seminaren nicht nur gut. Ihre Identifikation mit dem Arbeitgeber ist nur mit dem einst glorreichen Bild der „Siemens-Familie" oder der Kruppianer vergleichbar. Hintergrund ist nicht nur der (teilweise fragwürdige) Stolz auf das handwerkliche Produkt, sondern ausdrücklich auch der Stolz auf die Fabrik, auf die Chefs – von Piëch, Lopez und Peter Hartz über Pischetsrieder und Bernhard bis Winterkorn („der Martin!") – , auf den ehemaligen Gewerkschafter und Personalvorstand Horst Neumann und vor allem auf Ferdinand Porsche, den vorgeblichen Werk- und Stadtgründer und „genialen Techniker". Diese Haltung ist in Wolfsburg stärker ausgeprägt als an allen anderen Volkswagen-Standorten. In dieser Atmosphäre bedeutet die Auseinandersetzung mit der örtlichen Geschichte eine Gratwanderung zwischen schroffer Ablehnung einerseits und opportunistischer Geschichtsklitterei oder offener Leugnung und Verdrängung andererseits.

„Wenn Erinnern an Geschichte selektiv geschieht, hat das Gründe. Zumeist aktuelle!"[2] – gegen die jahrzehntelange selektive Wahrnehmung in Wolfsburg, aus jeweils aktuellen Gründen, historische Bildung zu entwickeln, war und ist nicht einfach. Wer jedoch die Vergangenheit nicht kennt, kann die Gegenwart nicht verstehen. Und wer die Gegenwart nicht versteht, kann die Zukunft nicht gestalten. Es geht in der historischen Bildung nur vordergründig um die Vermittlung von Daten, Fakten und Namen der handelnden Personen. Es geht vor allem um das Erarbeiten einer Haltung zur Geschichte, zur Geschichte des Werkes und der Stadt. Darum, um bei unserem Beispiel zu bleiben, zu verstehen, wie die Begeisterung der Menschen für die Nazis entstehen und aufrechterhalten werden konnte – trotz Krieg, trotz KZ und trotz Zwangsarbeit in der direkten betrieblichen Umgebung. Die Protagonisten von damals stehen in direkter Verbindung zu unserer Gegenwart: Die Mehrheit der Aufsichtsratsmitglieder von Volkswagen stellt der Porsche/Piëch-Familienclan und viele Wolfsburger

2 Vgl. Klönne, Arno: Die sogenannte Urkatastrophe. Online unter: http://www.heise.de/tp/news/Die-sogenannte-Urkatastrophe-1914-2101461.html.

und Volkswagen-Beschäftigte sind Kinder und Enkel derjenigen, die schon vor Mai 1945 dort lebten und arbeiteten.

Auch Gewerkschafter und Betriebsräte in den ersten Jahrzehnten nach der Befreiung vom Faschismus waren ehemalige Mitglieder der Nazipartei, und es ist davon auszugehen, dass diese die Theorie und Praxis der NS-Ideologie der „Betriebsgemeinschaft", wie sie von Porsche und Piëch entwickelt und von Nordhoff – ohne die Elemente von Gewalt und Zwangsarbeit – fortgesetzt wurde, nicht nur akzeptierten, sondern aktiv weiterverfolgten. In der historischen Bildungsarbeit stellt sich die Frage, welchen Einfluss diese Ideologie seitdem auf die Entwicklung von Werk und Stadt hatte und immer noch hat.[3] Prof. Hans Mommsen schrieb in seiner Volkswagen-Monografie: „Es ist bemerkenswert, dass mit Vorstellungen dieser Art (staatlicher Charakter des Unternehmens und paternalistische Unternehmensführung, Anm. d. Verf.) die ursprüngliche Unternehmenskonzeption des Volkswagenwerkes eine gewisse Fortsetzung fand."[4]

Um die schmerzlichen personalen Verflechtungen und die Kontinuität in der Entwicklung von Werk und Stadt nicht zur Kenntnis nehmen zu müssen, setzte bald eine bis heute geltende Verdrängung und Legendenbildung ein, zu der wesentlich der Autor des einst populären Romans „Die Autostadt"[5] beitrug, als er schrieb:

> *„Immer kamen die rechten Männer zur rechten Stunde. (...) Aber wie erscheinen die rechten Männer zur rechten Stunde? Die Antwort ist einfach. Es sind Fanatisierte, der Sache auf Gedeih und Verderb Ergebene, es sind leidenschaftliche Naturen. Ihre Leidenschaft ist das Auto."*

Des Weiteren sind in dem Zusammenhang zwei Auftragsarbeiten von Erich Kuby[6], das Kinderbuch von Herbert Sinz[7], die Veröffentlichung von

---

3 Vgl. dazu Gerhard Wysockis Beitrag: „[...] ein ‚entschiedener Kampf gegen alle Schattierungen der Partnerschaftsideologie' geführt werden müsse."

4 Vgl. Mommsen, H. / Grieger, M.: Das Volkswagenwerk und seine Arbeiter im Dritten Reich. Düsseldorf: Econ-Verlag, 1996. S. 972.

5 Mönnich, Horst: Die Autostadt. München: Andermann-Verlag, 1951.

6 Kuby, Erich: Alarm im Werk / Thomas und sein Volkswagen. Hohengehre: Schneider-Verlag, 1956.

7 Sinz, Herbert: Der junge Porsche – aus der Jugend des genialen Konstrukteurs. Göttingen: Fischer-Verlag, 1968.

W. H. Nelson[8] und von W. Bittorf zu nennen.[9]

Rosa Luxemburg erklärte im Jahr 1905, der Klassenkampf sei keine Erfindung, sondern eine Tatsache.[10] Sozialabbau, Lohnsenkung und Hartz-IV-Gesetzen belegen, dass diese Aussage auch heute noch gilt. Aber auch wenn der Klassenkampf Tatsache ist, können außerhalb von revolutionären Zeiten Arbeiterinnen und Arbeiter, abhängig Beschäftigte und Erwerbslose, Ausgegrenzte und Überflüssige diese nur durch gewerkschaftliche und politische Bildung erkennen. Bei ARBEIT UND LEBEN Niedersachsen in Wolfsburg hatte ich die wunderbare Gelegenheit, mit Guérin Steichen an dieser Bildungsarbeit mitzuwirken – in einer Stadt, die einerseits weder eine Tradition der Arbeiterbewegung noch eine gewerkschaftliche oder linke Tradition hat und die andererseits gesellschaftlich stark von Volkswagen und der Ideologie der Sozialpartnerschaft und der „Betriebsgemeinschaft“ dominiert wird: eine herausfordernde Konstellation!

Verstehen lernen

Mitte der 1980er Jahre begann ich bei VW in Wolfsburg zu arbeiten. Meine ersten Tage in der Lackiererei waren auf vielfältige Art beeindruckend: eine 7-stellige Stammnummer, eine Spind-Nummer, eine Waschkauen-Nummer, eine Hallen-Nummer, ein Schicht-Nummer, Frühschicht ab 5.30 Uhr und Spätschicht bis 22.30 Uhr. In den riesigen Hallen mit tausenden Menschen konnte man sich leicht verlaufen, acht Stunden Arbeit bei künstlicher Beleuchtung, Lärm und Schmutz. Mich wunderte die enorm lange Betriebszugehörigkeit der meisten Kolleginnen und Kollegen. Erwin, mein freundlich-mürrischer Vorarbeiter auf der Nacharbeitsstraße 6 der Lackiererei in Halle 12 war dort schon seit 17 Jahren beschäftigt (er starb übrigens viel zu früh und lange vor dem Renteneintritt). Viele ältere Kollegen wussten noch von Käfer-Zeiten zu erzählen. Bei den Jüngeren war es oft so, dass der Papa oder der Opa schon bei VW gearbeitet hatten,

8 Nelson, Walter Henry: Die Volkswagen-Story. Biographie eines Autos. München: Pieper & Co., 1965.

9 Bittorf, Wilhelm: Die Geschichte eines Autos. Braunschweig: Limbach Verlag, 1960.

10 Luxemburg, Rosa: Rede am 17. März 1905 in Leipzig. In: Gesammelte Werke. Berlin: Karl Dietz Verlag, 2014. Band 6.

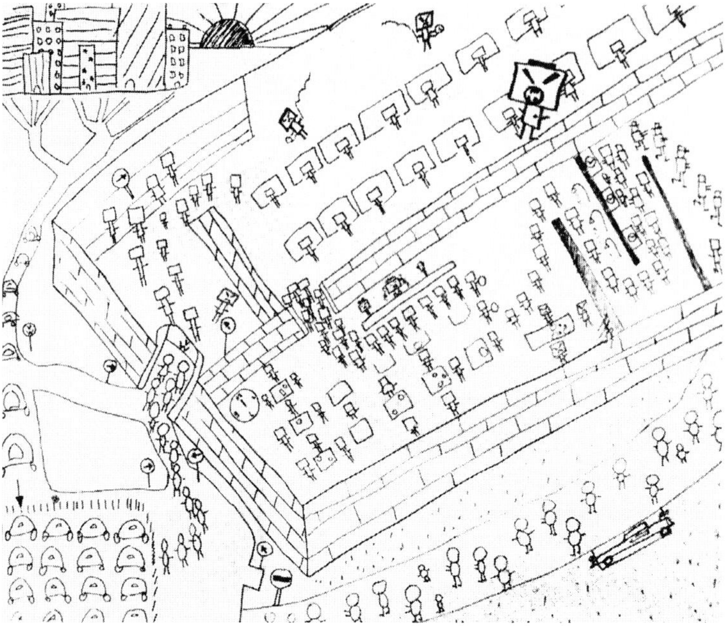

Teilnehmer-Zeichnung: „Aus Rundköpfen werden Quadratköpfe“ Foto: Archiv A+L WOB

seltener die Oma oder die Mama – der Frauenanteil liegt immer noch unter 20 Prozent. Gespräche drehten sich, nach Austausch der wichtigsten Ereignisse vom Wochenende aus den Bereichen Fußball, Freundin und Fernsehen, fast nur um das Unternehmen, das allen Arbeit und Brot gab, in dem relativ gut verdient wurde und alle zusammen viel Zeit verbrachten. Gutes Geld gab es bis zur Kumpanei von Hartz und Volkert, mit denen der allgemeine Trend zur Lohnsenkung und die Erpressung der Belegschaft mit Erwerbslosigkeit und prekären Arbeitsverhältnissen einsetzte.

Mein Eindruck war, dass es so etwas wie eine Hassliebe der Beschäftigten zum Unternehmen gibt. Einerseits lehnten sie die Abhängigkeit von „guten Beziehungen“, etwa um individuelle Entwicklungsmöglichkeiten zu erhalten, ab und andererseits identifizierten sie sich stark mit den Produkten und der Marktstellung des Unternehmens. Mit neuer Unternehmensstrategie, neuer Arbeitsorganisation und neuen Managementmethoden verbesserten sich die Entwicklungsmöglichkeiten für den schrumpfenden Teil der „Stammbelegschaft“, was die Qualifikationen und das Verhalten innerhalb des Betriebs veränderte. Die Kollegialität und die Solidarität der meisten Beschäftigten und das autoritäre Führungsverhalten und das gelegentliche Mobbing verstärkten die widersprüchliche Haltung zum Unternehmen.

Um diese Widersprüche besser zu verstehen, hilft ein Blick auf die Entwicklung und die Zusammensetzung der Belegschaft. Neben etwa 6.000 Männern, die bereits in der NS-Zeit im Wolfsburger Werk arbeiteten[11], wurden nach Entlassung von Zwangsarbeitern und KZ-Häftlingen ab Frühjahr 1946 kolonnenweise vormalige Gefangene aus britischen Kriegsgefangenenlagern mit ihren Offizieren ins Werk geführt. Wegen der harten Arbeits- und Wohnverhältnisse blieben sie jedoch nur kurze Zeit in Werk und Stadt. Dazu kamen Flüchtlinge aus den ehemaligen deutschen Ostgebieten und bis August 1961 Übersiedler aus der DDR, die sich hier ein neues Zuhause aufbauten. Ab 1961 wurden wegen des steigenden Arbeitskräftebedarfs Italiener, später auch Tunesier als „Gastarbeiter" für die Arbeit an den Fließbändern angeworben und in einem eigens errichteten Barackenlager untergebracht. Um die hohe Fluktuation von bis zu 25 Prozent zu reduzieren, musste Volkswagen relativ hohe Löhne und überdurchschnittliche Sozialleistungen anbieten, wozu das Unternehmen aufgrund der Produktivität und Wertschöpfung ohne Weiteres in der Lage war. Die Gesamtbelegschaft schwankte zwischen gut 65.000 Beschäftigten Mitte der 1980er Jahre und etwa 50.000 Beschäftigten Ende 2013. Der Anteil der Angestellten entwickelte sich von 20 Prozent Mitte der 1980er Jahre hin zu fast 50 Prozent Ende 2013, verbunden mit enormen Produktivitätssteigerungen in der Automobilfertigung und einer rasanten Ausweitung von Forschung, Entwicklung, Einkauf, Vertrieb und Konzernverwaltung. Etwas mehr als zehn Prozent der heute Beschäftigten in der Produktion sind Frauen, der Anteil der Ausländer betrug in den 1980er Jahren fast zehn Prozent, ist inzwischen jedoch auf weniger als sechs Prozent gesunken. Fluktuation und Heterogenität sind also bezeichnend für die Belegschaftsentwicklung und haben gravierende Auswirkungen auf die gewerkschaftliche und politische Bildungsarbeit.

---

11 Riechert, Udo: Neubeginn im Schatten der NS-Tyrannei. Gewerkschaften und Betriebsräte in Braunschweig und Wolfsburg in den ersten Nachkriegsjahren. Braunschweig: Steinweg-Verlag, 1987. S. 169.

Tabus der Wolfsburger Geschichte

Selbst kein Wolfsburger, sondern wegen der Arbeit „Zugezogener" wunderte ich mich, wie wenig die Menschen über die Geschichte ihrer Stadt und des Werkes wussten bzw. wie wenig darüber gesprochen wurde. Ich dagegen wollte verstehen, warum in diesem großen Unternehmen seit seiner Gründung nicht ein einziger regulärer Streik stattgefunden hat, und begann mich mit der Geschichte zu beschäftigen. Dabei stieß ich zunächst auf das Tabu, schlecht über Porsche zu reden – und damit über die Anfänge des Werkes und der Stadt und also über die Verantwortung der damals Handelnden überhaupt nachzudenken. Dem Tabu zugrunde lag die offene Verkehrung eines Kriegsverbrechers Ferdinand Porsche in den „genialen Techniker", den Erfinder des Autos und den Stadt- und Werkgründer – sinnfällig und sichtbar durch die vielen Porsches in dieser Stadt: Porschestraße, Porscheschule, Porschestadion, Porscheschwimmbad, Porschehotel, Porscheapotheke. Noch im Jahr 2010 scheiterte die Benennung eines großen Sitzungssaals im Wolfsburger Rathaus nach Ferdinand (dem Genialen) Porsche nur am Widerstand der Ratsfraktion der Wolfsburger Linken.

In den 1980er und 1990er Jahren wurde die Diskussion dank Initiativen kritischer Gewerkschafter und Kirchenvertreter offener geführt, allerdings mit ambivalenten Ergebnissen. Die Porsche-Büste, auf die in den 1970er Jahren ein „Anschlag" verübt wurde, steht entgegen einem Antrag der Grünen weiterhin vor dem Rathaus – mit ausdrücklicher Zustimmung von CDU, SPD und FDP. Darüber hinaus hat Volkswagen die ehemalige „Porschehütte" von der Stadt gekauft, um dort ein Museum für Porsche einzurichten. Eine Berufsschule in Argentinien wurde in Anwesenheit von Vertretern der Stadt, des Landes und von Volkswagen „Ferdinand-Porsche-Institut" benannt, nachdem dasselbe Vorhaben der CDU für die neu errichtete Fachhochschule in Wolfsburg gescheitert war.

Auf der anderen Seite wurde der renommierte Historiker Prof. Hans Mommsen auf Drängen von Betriebsrat und IG Metall Mitte der 1980er Jahre von Volkswagen beauftragt, die Geschichte der Arbeiter bei Volkswagen von der Gründung bis 1945 aufzuarbeiten. Nach 10-jähriger Forschungsarbeit legte er 1996 die dokumentenreiche Monografie

„Das Volkswagenwerk und seine Arbeiter im Dritten Reich" vor, in der Zwangsarbeit, Rüstungsproduktion und der persönliche Anteil von F. Porsche nachgewiesen werden.

Dennoch legte der Wissenschaftler bei einem Symposion seine Auffassung dar, Porsche sei „sicherlich kein Kriegsverbrecher "[12] gewesen, obwohl sich aus den Dokumenten das Gegenteil ergab. In seinem Buch behauptet er, Porsche sei der „Prototyp des ausschließlich an technologischen Fragen interessierten Fachmanns" gewesen. Inwieweit er den verbrecherischen Charakter des Regimes durchschaut habe, müsse offen bleiben. Porsche sei von den Alliierten nie angeklagt worden, sagte Mommsen noch vor wenigen Jahren: „Deshalb ist er kein Kriegsverbrecher, auch wenn er in mancher Hinsicht verantwortlich für Zwangsarbeit war."[13]

Symptomatisch für die Debattenkultur in Wolfsburg sind gehässige Leserbriefe in der örtlichen Presse gegen diejenigen, die die kritische Auseinandersetzung vorangetrieben haben, sowie die Stellungnahmen der örtlichen CDU. „Das Positive, was Porsche für Wolfsburg geleistet hat, schätzen wir viel höher ein, als die kleinen dunklen Schatten in seinem Lebenslauf", so die CDU-Fraktion in einer Presseerklärung vom 6. November 1997.

Die komplexe Geschichte der Stadt Wolfsburg und seines Werkes in die kritisch-emanzipatorische historische Bildungsarbeit einzubeziehen, war und ist bis heute eine Herausforderung. Erst historische Bildung und geschichtliches Bewusstsein ermöglichen eine Orientierung in der Gegenwart und politisches Handeln. Dabei geht es in der Bildungsarbeit nicht um Effekthascherei oder populistisch aufbereitete History-Sendungen. Das Wissen um die Geschichte als historische Entwicklung in einer monostrukturierten Region steht in enger Beziehungen zur Fähigkeit, die Entwicklung der Stadt und der Politik in der Region zu erkennen und entsprechend zu handeln. Fundierte Kenntnisse der Geschichte sind als Hintergrund für eingreifendes Handeln von grundlegender Bedeutung. Politische und kulturelle Entwicklungen sind oftmals nicht zu verstehen, wenn der historische Kontext nicht bekannt ist. Kunst und Kultur, gesellschaftliche und soziale Verhältnisse im weiteren Sinne stehen immer in

12 Vgl. Mommsen am 9.10.1991 beim Symposium in Wolfsburg.

13 Der Stadtheilige Ferdinand Porsche - Sakrileg in der Stadt des KdF-Wagen die taz vom 18.12.2011.

Porschestraße 1962 Quelle: BU-Programm WOB, 2010, S. 25

einem unmittelbaren Wechselverhältnis zur Geschichte. In einer jungen und kleinen Stadt wie Wolfsburg geht es auch um persönliche bzw. familiäre Verstrickungen, um den Opa, der schon vor 1945 bei VW gearbeitet hat, oder die Großtante, die den Einsatz von Zwangsarbeitern in der umliegenden Landwirtschaft kennen gelernt hat. Es kann also richtig brenzlig werden, wenn diese Themen aufgearbeitet werden. Außerdem gibt es in der Stadt höchst unterschiedliche Interessen und Machtverhältnisse, die von Volkswagen gegen politische Akteure genutzt werden können und gelegentlich auch genutzt werden.

Eine ganze Reihe von Veranstaltungen und Seminaren, die in Wolfsburg von der IG Metall und ARBEIT UND LEBEN angeboten wurden, bringen die Bedeutung der historischen Bildungsarbeit zum Ausdruck. Guérin Steichen hat einen wesentlichen Anteil an ihrer Konzeptentwicklung und Etablierung. Dazu gehören u. a. Seminare zur Entwicklung von Technik und Arbeit, zur Geschichte städtischen Wohnens, zum Widerstand in Deutschland, zu den Spuren italienischer Einwanderer, zur Stadtgeschichte und – woraus ich besondere Erfahrungen schöpfte – das Seminar zur Unternehmensgeschichte: „Volkswagen – vom Musterbetrieb zum Modellunternehmen“.

Im Vorfeld wurden Methode und Inhalt unter Berücksichtigung der zu erwartenden Teilnehmer erarbeitet: Betroffenheit und damit Neugier und Offenheit erzeugen, vorhandenes Wissen und Erfahrungen hervorholen und für das Thema zugänglich machen. Dabei gab und gibt es einige Hürden: einerseits die persönliche Betroffenheit als Bürger dieser Stadt, andererseits die grausame Gründungsgeschichte von Volkswagen, deren Erwähnung eine gewisse Distanz bis offene Ablehnung herstellt. Mehr als in vielen anderen Betrieben gibt es bei Volkswagen eine bereits erwähnte, für kritische Betrachter seltsam anmutende hohe Identifikation der Beschäftigten mit „ihrem" Werk – und damit ist sowohl die Fabrik wie auch das Produkt gemeint.

Als weiteres schwerwiegendes Problem kommt zum Gründungsakt durch Adolf Hitler der Gründungsmythos vom NS-Musterbetrieb hinzu. Spätestens an dieser Stelle muss eigentlich auch heute noch jede Person ihr eigenes Verhalten, ihre gewünschte Nähe bzw. Distanz zum Arbeitgeber erklären und begründen und die Frage beantworten, ob das eigene ambivalente Verhältnis zum Arbeitgeber etwas mit dem NS-System zu tun hat.

Wenn dazu noch Fragen zum Verhältnis von Gewerkschaft und Betriebsrat einerseits und Aktionären und Management andererseits, Fragen zu kooperativer Konfliktlösung und Co-Management, zu Bestechung und Bestechlichkeit kommen, könnte sich eigentlich niemand mehr der Diskussion um die Kontinuität der Betriebsgemeinschaftsideologie entziehen. Dennoch werden sie seit fast 70 Jahren überwiegend verdrängt; lediglich in der Bildungsarbeit können diese Fragen nach personeller, sachlicher und ideologischer Kontinuität für einen relativ kleinen Personenkreis bearbeitet werden, die Auswirkungen auf deren Umfeld kann allerdings groß sein.

„Nichts ist mächtiger als eine Idee, deren Zeit gekommen ist!" [14]

Die Bildungsarbeit beginnt mit der Erarbeitung von Grundwissen über Fragen der NS-„Volksgemeinschaft", die vorgeblich und zumindest rhetorisch die Aufhebung von Klassen und Klassenwidersprüchen beabsichtigte: Die widerspruchsfreien „Betriebsgemeinschaften" sollten der Kriegsvorberei-

14 Das Zitat von Victor Hugo dient als Überschrift der Einleitung zum Buch von P. Hartz: Jeder Arbeitsplatz hat ein Gesicht. Frankfurt/Main: Campus, 1994, S. 9

tung und der Erzielung von Maximalprofiten dienen. Die Liquidierung der Arbeiterparteien und der Gewerkschaften war eine der Voraussetzungen für die Durchsetzung dieser zynischen Politik. Volkswagen war unter Führung von F. Porsche und A. Piëch zu einem NS-Musterbetrieb entwickelt worden: Er wurde durch den teils gewalttätigen, teils sozialpaternalistischen Versuch geprägt, den Klassenkonflikt, den Grundwiderspruch zwischen gesellschaftlicher (gemeinschaftlicher) Produktion und privater Aneignung der Produktionsergebnisse, zu negieren. Deshalb galt das Führer- und Gefolgschaftsprinzip. Im neuen Volkswagenwerk wurden Ansätze von Wirtschaftsdemokratie, wie sie nach der Novemberrevolution entwickelt wurden und in der Weimarer Republik teilweise erhalten blieben, zerschlagen bzw. Betriebsräte und gewerkschaftliche Vertrauensleute gar nicht erst zugelassen. Andererseits wurden die Arbeiter mit der Rede von der „Schönheit der Arbeit" ideologisch aufgewertet und überhöht, die bedingt auch angenommen wurde und deren Wirkung sich durch die Zwangsarbeit von Kriegsgefangenen und KZ-Häftlingen und deren ausgehungertes, erbärmliches Erscheinungsbild noch intensiviert hat. Ende 1943 hieß es in der Betriebszeitung, die Leistung der Ausländer sei nur dann befriedigend, „wenn sie von deutschen Menschen dauernd zur Arbeit angehalten und belehrt werden." Am 1. Mai 1943 wurde der „Betriebsgemeinschaft" des Volkswagenwerkes von Hitler persönlich „für hervorragenden Einsatz und vorbildliche Leistungen im Rahmen der Deutschen Kriegsproduktion" die Auszeichnung „Kriegsmusterbetrieb" verliehen.[15]

Kontinuität und Brüche

Um die ideologische Bedeutung dieser langfristig wirkenden Propaganda und deren materielle Umsetzung zu erfassen, sei hier eine Originalquelle ausführlich zitiert, deren Anleihe bei Henry Ford und deren Fortschreibung bei den VW-Managern Heinrich Nordhoff, José Ignacio López und Peter Hartz unübersehbar ist. So heißt es in „Die Wirtschaft des Deutschen Reiches"[16]:

---

15 Krull, Stephan: Volksburg – Wolfswagen, 75 Jahre „Stadt des KdF-Wagen". Wolfsburg/Hannover: Ossietzky-Verlag, 2013. S. 132.

16 Deutsche Informationsstelle: Deutsche Musterbetreiebe. Bearbeitet vom Arbeitswissenschaftlichen Institut der Deutschen Arbeitsfront - Berlin. Stuttgart, Berlin: Deutsche Verlags-Anstalt, 1940 (Die Wirtschaftskraft des Reiches, Nr. 7). Online unter: http://archive.org/stream/DeutscheMusterbe-

„Die deutschen Musterbetriebe (...) sind wohl technisch und fachlich auf der Höhe der Zeit, sind aber keine technisierten Nurmaschinenbetriebe. Die Musterbetriebe sind wohl lebendige Zellen nationalsozialistischer Weltanschauung, sind aber keine Propagandatribünen, auf denen mehr geredet als gearbeitet wird. Und letztens sind sie keine Knochenmühlen und Ausbeuterinstitute, sondern ganz im Gegenteil, sie sind eben „Musterbetriebe" auf Grund ihrer musterhaften Menschenbetreuung und Menschenführung. Denn in den deutschen, den nationalsozialistischen Musterbetrieben steht nicht die Maschine, sondern der Mensch als der Träger der Arbeit im Vordergrund, und der Erhaltung und Förderung der menschlichen Arbeitskraft dient alle Sorge und Pflege. (...) All jenen, die nun immer wieder in Europa nach den Ursachen des deutschen Sieges suchen und dabei so oft zu ihrem eigenen Schaden zu Mißdeutungen und Fehlschlüssen gelangen, sei gesagt, daß nicht technische Möglichkeiten, Material und Rohstoffe allein die Möglichkeiten des deutschen Sieges schufen, sondern daß dies alles nicht möglich gewesen wäre, wenn nicht der „deutsche Sozialismus", dessen Geist sich in den nationalsozialistischen Musterbetrieben am eindrucksvollsten verkörpert, daß dieser unser Sozialismus den Sieg garantierte. Betrieben, in denen der Gedanke der nationalsozialistischen Betriebsgemeinschaft im Sinne des Gesetzes zur Ordnung der nationalen Arbeit und im Geiste der Deutschen Arbeitsfront vom Führer des Betriebs und seiner Gefolgschaft auf das vollkommenste verwirklicht ist, kann die Auszeichnung „Nationalsozialistischer Musterbetrieb" verliehen werden.

Stärke den Lebenswillen der Schaffenden, wecke ihr Interesse am Betriebsgeschehen, entwickle ihre beruflichen Fähigkeiten, fördere ihre Gesundheit und erhalte ihre Arbeitsfreude, dann handelst du im schönsten Sinne sozial und zeigst dich als kluger, weitblickender, erfolgsicherer Wirtschaftler, dann erfüllst du die Forderungen, die wir zusammengefaßt bezeichnen als „nationalsozialistische betriebliche Menschenführung". Aber selbst der beste Betriebsführer müßte versagen, wenn ihm die Gefolgschaft die Mithilfe verweigern würde. In der sozialpolitischen Betriebsarbeit ist der Gefolgsmann ein starkes mitbestimmendes Moment.

---

triebe/MicrosoftWord-Muster_djvu.txt.

An vielen solcher Lösungsversuche hat er unmittelbaren Anteil, und durch sein aktives Interesse wird der Werdegang des Musterbetriebes auf das energischste gefördert. Die Selbstverantwortlichkeit und das Teilnehmen am Geschehen des Betriebes ist so stark in der Gefolgschaft verankert, ihre Arbeitsfreude ist es, die den Betrieb durchseelt, so daß es lächerlich ist zu hören, wenn besonders weisheitsvolle Sozialtheoretiker gerade diesen modernen Typ des freibewußt schaffenden deutschen Menschen als eine Art modernen Sklaven hinzustellen versuchen."

Eine gewisse Kontinuität ist zur ersten „Arbeitsordnung" nach 1945 unübersehbar, in der es hieß:

„Das Volkswagenwerk wird zweifellos Eigentum des Deutschen Volkes werden und durch seine selbstgewählten Repräsentanten vertreten sein. In der Zwischenzeit sind wir die Treuhänder des Werkes für das ganze deutsche Volk. (...) Sämtliche Arbeiter bilden eine geschlossene, demokratisch geführte Leistungsgemeinschaft. (...) Disziplinlosigkeit gegenüber dem Leistungswillen wird energisch bekämpft. Ein großer gewerkschaftlicher Vertrauensmännerkörper unterstützt die Werkleitung und den Betriebsrat in dieser Aufgabe."[17]

Der von General Motors abgeworbene, kurzzeitige Einkaufs- und Produktionschef Jose Ignazio López (auch als „Würger von Wolfsburg" bekannt) hat seine Memoiren „Du kannst es – Memoiren eines Arbeiters"18 „den Arbeitern" gewidmet, die heute noch unter seinen Ideen wie der „kontinuierliche Verbesserung" (KVP²), der unbarmherzigen Produktivitätssteigerung durch Anpassung der Menschen an die Maschinen sowie der brutalen Fremdvergabe und Preisdrückerei bei Zulieferern leiden.

Das im Namen von Peter Hartz erschienene Buch „Das atmende Unternehmen" steckt ebenfalls voller deutschtümelnder Betriebsgemeinschaftsideologie:

17 Kopie der Arbeitsordnung im Archiv.

18 López, J. I.: Du kannst es. Memoiren eines Arbeiters. München: Econ & List, 1999.

„Jeder Mitarbeiter und Manager kann und darf erforschen, entdecken, erfinden, entwickeln und erneuern, kann und muss Standards und Prozesse definieren, dokumentieren, kontrollieren und kontinuierlich verbessern, kann und soll das Wichtige vom Unwichtigen, das Tatkräftige vom Lähmenden, das Motivierende vom Frust, das Konstruktive vom Beharrenden und das Herausfordernde vom Überkommenen unterscheiden und mutig handeln. Es ist die Schlüsselfrage des atmenden Unternehmens, so offen und bereit zu sein, diese Wertschöpfung von innen deutlich zu wollen, sinnvoll aufzunehmen und integriert umzusetzen."[19]

Solche M4-Mitarbeiter („mehrfachqualifiziert, mitgestaltend, mobil, menschlich") wünschte sich der Personalvorstand Hartz in der streng hierarchischen Fabrik mit in Stammbeschäftigte und prekär Beschäftigte gespaltener Belegschaft, um „unsere Arbeitsplätze am Standort Deutschland zu sichern"[20].

Die Frage, inwieweit diese völkische Ideologie der Volks- und Betriebsgemeinschaft – das Dogma der Negierung der Widersprüche zwischen den Interessen des Kapitals einerseits und den Beschäftigten andererseits –, nach 1945 weiter handlungsleitend für die gewerkschaftlichen und betrieblichen Akteure war und inwieweit Personen wie Hugo Bork, Bernhard Tyrakowski, Siegfried Ehlers und die nachfolgenden Betriebsratsvorsitzenden und Gewerkschaftssekretäre sie bewusst oder unbewusst fortgesetzt haben, ist bisher unzureichend erforscht. Viele Aussagen und Handlungsweisen wie z. B. die Bestechung und Bestechlichkeit von Betriebsräten (Klaus Volkert, Bernd Sudholt, Hans-Jürgen Uhl u. a.), das Co-Management des Betriebsrates bei Sparprogrammen zulasten von Belegschaft und Zulieferern, die Streikvermeidungsstrategie der Gewerkschaft sprechen dafür, dass diese Ideologie zumindest in Teilen eine Fortsetzung bis in die Gegenwart findet; die Eigentumsverhältnisse bei Volkswagen, die daraus abgeleitete Investitionspolitik und die spezifische Form der Einbeziehung, der „Mitnahme"

---

19 Hartz, Peter: Das atmende Unternehmen. Jeder Arbeitsplatz hat einen Kunden – Beschäftigungssicherung bei Volkswagen. Frankfurt/Main: Campus, 1996. S. 37.

20 Ebenda, S. 7.

von Betriebsräten und Gewerkschaft, sprechen ebenfalls dafür. Beispielhaft sei hier geschildert, wie Volkswagen in Deutschland bisher reguläre Streiks verhindert. Bei einer bisher einmaligen Urabstimmung[21] im Frühjahr 1978 votierten 88,58 Prozent der Gewerkschaftsmitglieder für Streik – so das Ergebnis nach Auszählung am 21.4. 1978. Der erste unbefristete Streik in der Geschichte des Unternehmens stand unmittelbar bevor. Am Tag darauf, an einem Samstag, unterbreitete Volkswagen ein Angebot von 5,9 Prozent. Die schnell zusammengetrommelte Tarifkommission beschloss, dieses Angebot anzunehmen – ohne, wie es eigentlich notwendig gewesen wäre, eine erneute Urabstimmung durchzuführen. Bei der Betriebsversammlung am folgenden Montag wurden der Bevollmächtigte der IG Metall, Walter Kaufmann, und der Vorsitzende des Betriebsrates, Siegfried Ehlers, zur Rede gestellt. Ihre Erklärungen gingen in gellenden Pfeifkonzerten unter.[22]

Zu erklären sind solche Streikverhinderungen auch durch die enge Verbindung zwischen Volkswagen-Management, Betriebsrat und IG Metall: Personalvorstand bei Volkswagen war der ehemalige Gewerkschaftsredakteur Karl-Heinz-Briam, der IG-Metall-Chef Eugen Loderer war stellvertretender Aufsichtsratsvorsitzender von Volkswagen und der stellvertretende Betriebsratsvorsitzende Rudi Blank wurde wenig später Personalvorstand bei der damaligen Volkswagen-Tochter Triumph-Adler. Eine ähnlich enge Verbindung zwischen dem VW-Personalvorstand und IG-Metall-Mitglied Peter Hartz und dem Betriebsratsvorsitzenden Klaus Volkert (Träger eines Ehrendoktortitel und des Bundesverdienstkreuzes) in den 1990er Jahren führte letztlich zum Sturz beider. Insbesondere in der Ära von Peter Hartz wurde die Betriebsgemeinschaftsideologie zum Co-Management, zwecks Flexibilisierung und Lohnabbau einerseits und Konfliktbeherrschung andererseits, weiter entwickelt. Nach Abschluss des Vertrages über den Weltkonzernbetriebsrat am 20. Mai 1999 in Barcelona erklärte Hartz „die VW-Welt“ zur „streikfreien Zone“. Zur Betriebsverfassung äußerte er u. a.:

---

21 „Nutzlose Millionen“. In: Der Spiegel, 17/1978. S. 138–142. Online unter: http://www.spiegel.de/spiegel/print/d-40617569.html.

22 Dörr, Willi / Speidel, Frederic: 65 Jahre IG Metall Wolfsburg. Geschichte und Geschichten. Wolfsburg, 2011. S. 73.

„Gestandene Betriebsratsvorsitzende äußern jedoch auch anderes: Wer die vertrauensvolle Zusammenarbeit beherzigt (§2 BetrVG), benötigt die anderen Paragrafen der Betriebsverfassung kaum noch. Vertrauensvolle Zusammenarbeit macht aus Pflichten Selbstverständlichkeiten, die innerlich bejaht werden. Die wichtigste ist, dass auch unangenehme Entscheidungen und Entwicklungen vor der Belegschaft vertreten werden.“[23]

Betriebsratsvorsitzender Klaus Volkert, zugleich Vorstandsmitglied der IG Metall, erklärte im Jahr 1994: „Wir schaffen die Zukunftssicherung bei Volkswagen nur gemeinsam von der Vorstandsetage bis zum Zählpunkt 8!“[24] Philisterhaft lässt Hartz in seinem Buch unter dem Stichwort „Zumutbarkeit“ formulieren:

„Zumutbarkeit in unserem praktischen Sinn ist ein dynamischer, inhaltsvoller Begriff. Nicht der absolute Vor- oder Nachteil muss für die Handelnden entscheidend sein, der komparative Vor- oder Nachteil ist eine weitere Möglichkeit. Der Grundgedanke besagt, dass zwei Partner selbst dann ins Geschäft kommen können, wenn ein Partner nur mit Nachteilen und der andere nur mit Vorteilen antreten kann. Der größte Nachteil des einen wird mit den geringsten Vorteilen des anderen getauscht.“[25]

Die mit dem „größten Nachteil“ von Lohnminderung betroffenen Beschäftigten sieht er bei Volkswagen „in Obhut“ – und viele Beschäftigte sehen sich ebenso und akzeptieren deshalb vom Unternehmen definierte, reduzierte und somit „wettbewerbsfähige“ Bezahlung, maximale Arbeitszeitflexibilität, zunehmenden Leistungsdruck und vor allem die Spaltung der Belegschaft in immer weniger Stammbeschäftigte und eine immer größere Randbelegschaft und jeweils noch billigere Leiharbeiter und Werk-

---

23 Hartz, Peter: Job Revolution. Wie wir neue Arbeitsplätze gewinnen können. Frankfurt/Main: Frankfurter Allgemeine Buch, 2001. S. 109.

24 Zählpunkt 8 war der Ablaufpunkt fertiger Fahrzeuge. Vgl. Hartz, Peter: Jeder Arbeitsplatz hat ein Gesicht. Die Volkswagen-Lösung. Frankfurt/Main: Campus, 1994. S. 32.

25 Ebenda. S. 37.

vertragsbeschäftigte! Der „Würger von Wolfsburg" (J. Lopez) hat – mit den ehemaligen GM-Untergebenen, die er ins Wolfsburger Unternehmen mitbrachte und seine „Krieger" nannte, und dem verordneten KVP²-Ansatz der „integrierten Prozessoptimierung" – die M4-Beschäftigten zur eigenen Optimierung gezwungen. „Ein Mitarbeiter ist gefordert", so im Buch von Hartz, „der Wandel nicht als Bedrohung, sondern als Chance zu Mitgestalten und persönlicher Weiterentwicklung erlebt und nutzt". Die Botschaft an alle Beschäftigten, vom Arbeiter über die Konstrukteurin bis zum Einkäufer, lautet: Fühl dich am Arbeitsplatz wie ein Unternehmer und engagiere dich entsprechend. Wer sich diesem totalen Zugriff auf den ganzen Menschen entzieht, passt nicht in dieses sozialpaternalistische Modellunternehmen, so die praktische Konsequenz aus dieser bekannten Traditionslinie.

Mit ihrer Einigung können Arbeitgeber und Arbeitnehmer das Gesicht wahren

VW-Tarifmodell trifft auf breite Zustimmung

5 000 MAL 5 000 – VW und IG Metall haben sich auf ein innovatives Job-Projekt geeinigt. Es soll Signalwirkung haben. Doch Arbeitgeber und Gewerkschaften bleiben zurückhaltend.

Flexible Nachahmer gesucht

MODELL

Neuer VW-Tarif als Vorbild gelobt

VW-Modell soll als Signal wirken

Kommentiert

Tarifmodell 5000 x 5000 bei VW

Neue Arbeit ist machbar

Ein neues Arbeitsmodell für Volkswagen

Modell „5 000 mal 5 000" soll Arbeitskosten deutlich senken

VW zerstreut Furcht vor Tarif-Revolution

Volkswagen und IG Metall einigen sich

Wertvolle Fantasie

VW und IG Metall haben für die gesamte deutsche Tarif-

und betont gerade dort den Modellcharakter. Das gilt vor

Durchbruch ohne Dammbruch

Schlagzeilen zum VW-Tarif „5000 x 5000" Montage: K. Meier, 2006

Volkswagen – vom Musterbetrieb zum Modellunternehmen

Die Konzepte, Ziele, Inhalte und Methoden des Seminars mussten der beschriebenen Situation entsprechen, um die Teilnehmer zu erreichen. Sie waren ausschlaggebend dafür, dass sich die Teilnehmer kritisch mit der Geschichte auseinandersetzten und sich einen eigenen Standpunkt erarbeiteten, um daraus künftiges Handeln ableiten zu können.

Der Einstieg in das Seminarthema erfolgte im Plenumsgespräch zu der Frage, warum wir uns überhaupt mit Geschichte beschäftigen, und mit der Herausarbeitung der individuellen und kollektiven Verbindungen der Gegenwart zur Vergangenheit. Was war vor uns? Warum war es so? Wie und warum und durch wen hat es sich geändert? Deutlich wurde, dass die aktuellen Lebensverhältnisse in Beziehung zur Vergangenheit stehen und damit auch zu den Eltern und Großeltern, also auch persönlicher Natur sind. Die aktuellen Verhältnisse stellen aber auch die Weichen dafür, wohin die weitere Entwicklung geht. Das ist vielleicht das Wichtigste, was aus der Geschichte gelernt werden kann. Dies war auch die häufigste Antwort auf die Eingangsfrage, warum man sich mit der Geschichte beschäftigen soll: Um zu lernen!

Darauf folgte das Plenumsgespräch über die Geschichte von Volkswagen: Wer kennt sie oder kann etwas zu ihr erzählen. Nach anfänglichen Allgemeinplätzen – größte Automobilfabrik, von Porsche geründet – wurde die Frage präzisiert: Wessen Eltern oder Großeltern waren bei VW beschäftigt und was gibt es über sie zu erzählen? Bei fast der Hälfte der Teilnehmer waren Vater oder Mutter, bei bis zu einem Viertel war der Opa im Volkswagenwerk beschäftigt. Die Seminarteilnehmer wurden dann eingeladen, alles Mögliche von zu Hause mitzubringen, was in ihrer Familie von der Beschäftigung bei VW auffindbar ist. Am nächsten Morgen gab es eine kleine improvisierte Ausstellung mit zu Aschenbechern umfunktionierten Radkappen, Lohnbescheinigungen aus den 1960er Jahren, eine Zeitung vom August 1955 zum millionsten Käfer, Lohntafeln aus den 1970er Jahren, eine Volkswagen-Werkzeitschrift vom Mai 1939, Urkunden zu Dienstjubiläen und vieles mehr. Geschichte bekam persönliche Bezüge und wurde lebendig, weil jeder etwas über die Ausstellungsstücke erzählen konnten. Für einige war es das erste Mal, dass sie ihre Großeltern nach ihren Erfahrungen fragten, für einige kam die Anregung zu spät, weil die Verwandten schon verstorben waren. Darüber, warum einige Großeltern nicht gern über ihre frühen Erfahrungen sprechen, dachten viele erst im Rahmen des Seminars nach.

Es konnte auch an andere sichtbare Zeichen der Werksentstehung angeknüpft werden: Die Südfassade des Werkes, an der täglich tausende Kolleginnen und Kollegen vorbei gehen, steht unter Denkmalschutz. Viele dort angebrachte Symbole sind unleserlich oder wurden wegen Nazisymbolen entfernt. Unsichtbares, Verstecktes, Unausgesprochenes wurde als wichtig für die Dechiffrierung und Deutung der Vergangenheit erkannt. Die Tatsache, dass tausende italienische Bauarbeiter das Werk aufbauten und zehntausende Zwangsarbeiter und Zwangsarbeiterinnen die Produktion aufrechterhielten, führte zu der Erkenntnis, dass F. Porsche keineswegs der alleinige Schöpfer von Auto, Werk und Stadt sein konnte und dass die Heldenverehrung einerseits und die Unterschlagung der Beiträge tausender Menschen andererseits eine interessengeleitete Sicht auf die Geschichte ist.

Achilles Frankes Film „Wie aus der KdF-Stadt Wolfsburg wurde“ sollte erste Eindrücke von den tatsächlichen historischen Vorgängen in den Jahren von 1938 bis 1945 vermitteln, ergänzt durch in Arbeitsgruppen gelesene kurze Texte aus der Mommsen-Monografie zur Entstehungsgeschichte und Finanzierung des Volkswagenwerkes. Im anschließenden Gespräch erkannten die Teilnehmer, dass Volkswagen von den Nazis als Propagandaprojekt und Rüstungsbetrieb geplant und mit geraubtem Gewerkschaftsvermögen aufgebaut wurde, dass insbesondere die Idee der klassenlosen „Volksgemeinschaft“ und der widerspruchsfreien „Betriebsgemeinschaft“ in der Propaganda eine wichtige Rolle gespielt hatte; dass deren Exklusivität für „arische Deutsche“ rassisch und politisch Verfolgte und Unangepasste ausschloss, und sie erkannten die Rolle von F. Porsche und seinem Schwiegersohn Anton Piëch. Aus diesen Erkenntnissen ergab sich die zu untersuchende Frage, ob die politisch-ideologischen Wurzeln des Werkes fortwirken oder mit der Befreiung vom Faschismus abgestorben waren.

Exkursionen zum Friedhof der zu Tode gebrachten Zwangsarbeiterinnen und Zwangsarbeiter, zum ehemaligen „Kinderheim“ und der kleinen

Gedenkstätte für die ermordeten Kinder der Zwangsarbeiterinnen waren nicht nur einem Methodenwechsel geschuldet, sondern hinterließen tiefe emotionale Eindrücke bei den Teilnehmern und ermöglichten das Kennenlernen von Erinnerungsorten in Wolfsburg, die sie bis dahin gar nicht wahrgenommen und auch nicht gesucht hatten.

Nächste Station im Seminar war die „Stunde Null", als die Porsches und Piëchs unter Mitnahme der Kasse flüchteten, die Trägerorganisation „Deutsche Arbeitsfront" als verbrecherische Organisation aufgelöst und das Unternehmen herrenlos wurde. Die Produktionsbedingungen waren aufgrund des erhaltenen Maschinenparks und des Bedarfs an Automobilen für die britische Besatzungsmacht sehr günstig, die Arbeits- und Lebensverhältnisse jedoch äußerst schlecht. Das Unternehmen entwickelte sich unter treuhänderischer Verwaltung des Landes Niedersachsen gerade deshalb prächtig, weil alle Überschüsse aus Produktion und Vertrieb direkt in die Fabrik investiert wurden – es gab keinen Eigentümer, der Gewinnansprüche geltend machen konnte. Das Seminar entschied, dass hier die Ursache lag, warum sich der Betrieb so schnell zu einem strukturbestimmenden Unternehmen in der Region entwickeln konnte. Die erste Teilprivatisierung durch die konservative Bundesregierung, der proklamierte gewerkschaftliche Widerstand dagegen und das aus diesem Widerstand resultierende VW-Gesetz waren weitere wichtige Erkenntnisse, die die am Seminar teilnehmenden Kolleginnen und Kollegen zum gut begründeten Handeln in der Gegenwart motivierten, schließlich die Internationalisierung des Konzerns, die ersten Krisen und die Auseinandersetzungen um die soziale und regionale Verantwortung des Unternehmens, die sich weiter entwickelnde Sozialpartnerschaft bis hin zum Co-Management in den 1990er Jahren.

Erst vor diesem geschichtlichen Hintergrund wurde verständlich, was der damalige Vorsitzende der IG Metall, Berthold Huber, bei einer Kundgebung im Herbst 2008 vor 40.000 Volkswagen-Beschäftigten in Wolfsburg zur Verteidigung der Mitbestimmung und gegen die „feindliche Übernahme" durch Porsche sagte:[26]

---

26 Voges, Jürgen: „Leuchtturm der Mitbestimmung". In: die taz, 12.09.2008. Online unter: http://www.taz.de/!22912/.

BU „Arbeit–Freizeit–Wohnen“, Großplakat-Montage e, Mitte der 1980er Jahre. Archiv K. Meier

„Die Mitbestimmung ist verankert im VW-Gesetz und der Grund hierfür liegt in den Eigentumsverhältnissen nach dem Zweiten Weltkrieg. Das VW-Werk wurde von den Nazis mit dem Geld enteigneter und entrechteter Gewerkschafter aufgebaut. Es war unser geraubtes Gewerkschaftsvermögen, das den Grundstein für VW legte. Nach dem Ende der Nazidiktatur war die erweiterte Mitbestimmung Teil eines Kompromisses zwischen den Alliierten, der Bundesregierung und den Gewerkschaften. Wir haben auf Eigentumsrechte verzichtet und dafür das VW-Gesetz bekommen. Und das lassen wir uns nicht einfach nehmen. Nicht von Politikern und auch nicht von Managern.“[27]

Die gewerkschaftlich orientierte, historische Bildungsarbeit von ARBEIT UND LEBEN in der Region Süd-Ost-Niedersachsen mit den Volkswagen-Standorten Wolfsburg, Braunschweig und Salzgitter hatte, mit der IG Metall und mit in der Bildungsarbeit aktiven Betriebsratsmitgliedern, wesentlich dazu beigetragen, dieses Hintergrundwissen zu vermitteln, und die Bedingungen dafür geschaffen, dass sich die Beschäftigten und die Bevölkerung gegen die Übernahme von Volkswagen durch Porsche aussprach. Dass Volkswagen dann Porsche übernommen hat bzw. entschuldet und Porsche nun über 50 Prozent der Volkswagen-Aktien gehören, ist ein Treppenwitz der Geschichte, ein hinterhältiger und kühl kalkulierter Finanztrick des Porsche/Piëch-Clans. Zur Ironie gehört, dass nach dem langen Kampf um den Erhalt des öffentlichen Eigentums bei Volkswagen die Erben des Kriegsverbrechers Ferdinand Porsche erstmals als Mehrheitseigentümer an der Spitze des Unternehmens stehen.

Die Vergangenheit von Stadt und Werk reichen in die Gegenwart und auch in die Zukunft, ein Schlussstrich kann nicht gezogen werden. Deshalb darf dieses Kapitel der Volkswagen-Geschichte nicht geschlossen werden, sondern muss im Rahmen der historischen Bildungsarbeit für die nächste Generation weiter aufbereitet werden. Ein Ausruhen auf dem, was engagierte Menschen aus Gewerkschaften, Kirchen, Politik und Bildungsarbeit bereits erreicht haben, ist nicht angebracht. Ein besonderes Augenmerk

---

27 Huber, B: Rede vom 12.09.2008 in Wolfsburg gehalten. Zitiert nach dem Redemanuskript im Archiv des Autors.

liegt auf der Frage, ob die von den Nazis begründete Betriebsgemeinschaftsideologie im Verhalten der Belegschaft, in der Sozialpartnerschaft und im Co-Management, im Paternalismus, in der Stellvertreterfunktion des Betriebsrates und im staatlichen Eigentum eine Fortsetzung erfahren hat. Die Verflechtungen zwischen Unternehmen, Staat, Gewerkschaft und Betriebsrat, die Nähe zur Eigentümerfamilie und der tatsächliche Korporatismus legen diese These nahe, eine genaue Beweisführung und Diskussion stehen jedoch noch aus.

Gerhard Wysocki

Ist politische Bildung ein Fossil der Moderne?

Politische Bildung – ein Angebot unter vielen? Oder was macht die Bildungsarbeit bei ARBEIT UND LEBEN aus?

Meine ersten Erfahrungen mit der Bildungsvereinigung ARBEIT UND LEBEN machte ich als Teilnehmer in Salzgitter 1970 während meiner Lehre in einem Salzgitterschen Unternehmen der Eisen- und Stahlindustrie, das bereits auf eine wechselvolle 30-jährige Geschichte zurückblickte: 1938 auf Rübenäckern mithilfe von Arbeitermigranten aus fast allen europäischen Ländern errichtet und mit zwangsrekrutierten Frauen und Männern der von Deutschland besetzten Länder sowie mit Häftlingen aus den Konzentrationslagern für Kriegszwecke betrieben. Die nach 1945 von den alliierten Besatzungsmächten begonnene Demontage wurde aufgrund der massiven Protest- und Widerstandsbewegungen der aus Flüchtlingen und Vertriebenen neu zusammengesetzten Belegschaften eingestellt und das „Armenhaus" Watenstedt-Salzgitter wurde zum Schwerpunkt neuer Industrialisierungs- und Wohnungsbauprogramme.

Beide Zeitabschnitte haben den Umgang der Akteure mit der Vergangenheit bestimmt: Es gab Erinnerung und Verdrängung aufseiten der Einheimischen und Ahnungslosigkeit aufseiten derjenigen, die in die Stadt kamen, um eine neue Existenz zu gründen.

Die wenigen, die neben allen Alltagsproblemen der Erinnerung einen Platz einräumten, waren zunächst Mitglieder der alten Arbeiterparteien und Gewerkschaften. Meist Frauen und Männer, die selbst Verfolgung und Terror erlebt, Familienangehörige verloren und überlebt hatten. Eine besondere Konstellation in der Salzgitterschen Schwerindustrie war, dass sich Mitglieder der Arbeiterbewegung, die vor 1933 unterschiedlichen sozialdemokratischen, sozialistischen und kommunistischen Organisationen angehört hatten, gemeinsam zu der „Gruppe Arbeiterpolitik" zusammenfanden.

Weitere Erfahrungen mit ARBEIT UND LEBEN machte ich ab 1979 als Teamer in der Bildungsvereinigung in Braunschweig. Auch in dieser Industriestadt mit einer traditionell linkssozialistischen Arbeiterbewegung waren die Menschen und somit die gewerkschaftliche Bildungsarbeit noch von den Folgen der brutalen Etablierung der Naziherrschaft und des Massenmordes an Betriebsräten im Juli 1933 geprägt.

Während meiner Tätigkeit als Teamer in der Bildungsvereinigung ARBEIT UND LEBEN Niedersachsen Ost lernte ich ab 1982 schließlich auch die Wolfsburger Bildungsarbeit kennen. ARBEIT UND LEBEN sollte sich in den nächsten Jahren zum erfolgreichsten Anbieter von Bildungsurlauben (BU) für politische Bildung entwickeln. Dort traf ich auf Guérin Steichen, der die Lernprozesse in der politischen Bildung von ARBEIT UND LEBEN durch neue Zugangsweisen und Akzente öffnete.

Die Gründung der Bildungsvereinigung ARBEIT UND LEBEN als Resultat aus der gescheiterten Verteidigung gegen die nazistische Massenbewegung

Noch vor Gründung der Bundesrepublik Deutschland – drei Jahre nach der militärischen Niederwerfung des nationalsozialistischen Herrschaftssystems und zwei Monate nach der offiziellen Beendigung der Luftbrücke für Berlin infolge der eskalierenden Ost-West-Konfrontation – wurde 1948 in Niedersachsen die Bildungsvereinigung ARBEIT UND LEBEN als Verein gegründet.

Obwohl Nöte wie Hunger und fehlender Wohnraum sowie die Sorge um Vertriebene, Vermisste und Verlorene den Alltag und das Denken der Menschen bestimmte, erkannten die Überlebenden der Arbeiterbewegung, dass ein Wiederaufbau ohne politische Bildungsarbeit nicht gelingen konnte. Gewerkschafter, die die Nazizeit im Widerstand überlebt hatten, konstatierten, dass 1945 nicht nur die Städte in Trümmern lagen, „sondern auch in den Hirnen der Menschen lagen Trümmer.“[1]

Während die Alliierten demokratisches Gedankengut mit dem Konzept „Reeducation“ zu fördern versuchten, setzten vor allem diese Gewerkschafter auf eine neue, andere Form der Bildungsarbeit. Die Mitglieder der Gesellschaft sollten zum einen wieder Zugang zur Geschichte der organi-

1 Zur Entstehungsgeschichte der Bildungsvereinigung ARBEIT UND LEBEN in Niedersachsen siehe Wolfgang Wulf / Gerd Steinbacher / Bernd Bischoff: ARBEIT UND LEBEN Niedersachsen. Geschichte und Standort, hrsgn. vom Wolfgang Schulenberg-Institut für Bildungsforschung und Erwachsenenbildung an der Universität Oldenburg in Zusammenarbeit mit der Bildungsvereinigung ARBEIT UND LEBEN Niedersachsen e. V., Bibliotheks- und Informationssystem (bis) der Universität Oldenburg 1998.

sierten Arbeiterbewegung haben und zum anderen ein „gewerkschaftliches Bewusstsein" entwickeln, das eigene demokratische Impulse ermöglichte.

Da die neu gegründeten Gewerkschaften mit dem Aufbau der Bildungsarbeit allein überfordert waren, versuchten sie die Volkshochschulen als Partner zu gewinnen. Die Vertreter der Gewerkschaften standen den Volkshochschulen jedoch misstrauisch gegenüber, da es ihnen in der Weimarer Republik nicht gelungen war, die Arbeiterinnen und Arbeiter in größerem Umfang als Hörerinnen und Hörer zu gewinnen. „Bürgerliche Volksbildung" konnte und sollte nicht das Programm der neuen Arbeiterbildung sein, zumal die bürgerlichen Eliten entscheidend dazu beigetragen hatten, den Faschismus an die Macht zu bringen sowie ihren Terror, und damit die Zerschlagung der organisierten Arbeiterbewegung, zu ermöglichen.[2]

Anknüpfungspunkt für die bildungspolitische Zusammenarbeit zwischen Gewerkschaften und Volkshochschulen war letztlich der Blick auf gemeinsame Wurzeln: die um 1850 entstandenen Arbeiterbildungsvereine. Die Wege trennten sich jedoch in der zweiten Hälfte des 19. Jahrhunderts wieder mit dem Erstarken von Gewerkschaften und Sozialdemokratie, die die Tradition der Arbeiterbildungsvereine im Kaiserreich fortsetzten. Ihre Bildungsarbeit förderte neben beruflicher und allgemeiner Bildung insbesondere das Erkennen der eigenen Lage und nutzte die so gewonnenen Erkenntnisse als Mittel gegen soziale Abhängigkeit und politische Unmündigkeit. Bildung wurde nicht als Selbstzweck betrachte, sondern als Bestandteil des politischen Kampfes. Bildung diente nicht nur der individuellen Qualifikation einzelner Mitglieder, sondern der Emanzipation aller mittels einer gesellschaftlich wie politisch handlungsfähigen, d. h. wehrhaften, sozialen Gemeinschaft. Bildungsarbeit ist nach diesem Verständnis Voraussetzung zum Klassenkampf.[3]

Für die politische Bildungsarbeit, für die sich die Teamerinnen und Teamer der Bildungsvereinigung ARBEIT UND LEBEN in Braunschweig, Salzgitter und Wolfsburg in den 1970er Jahren im Rahmen des verabschiedeten Bildungsurlaubsgesetzes zusammengefunden hatten, hatte das damalige Vorstandsmitglied der IG Metall Hans Preiss wesentliche

2 Ebenda, S. 13 – 20.

3 Über die einzelnen Motive der Zusammenarbeit zwischen Gewerkschaften und der Volkshochschulen, die hier nicht im Detail ausgeführt wird, in ebenda.

Eckpunkte zusammengefasst. In seiner Rede im Oktober 1975 zum 10-jährigen Bestehen von ARBEIT UND LEBEN Salzgitter e. V. hob er besonders hervor, dass sich die politische Bildungsarbeit „weder auf die Institutionenkunde noch auf die Vermittlung von reinem Fachwissen beschränken" kann. Oberstes Ziel müsse die „Mitbestimmung und Selbstbestimmung"[4] von Arbeiterinnen und Arbeitern sowie Angestellten sein – oder wie es die Landesarbeitsgemeinschaft ARBEIT UND LEBEN Hessen beschrieb:

> *„Ziel der Bildungsarbeit ist es, die von irrationaler Autorität und ökonomischer Macht Abhängigen zu befähigen, ihre Abhängigkeit und Fremdbestimmung zu erkennen, sie zu einer kritischen Analyse ihrer gesellschaftlichen Situation zu befähigen und sie von daher zu solchen politischen Aktivitäten zu motivieren, die den Verfassungsanspruch des Grundgesetzes weitestgehend zur Verfassungswirklichkeit werden lassen können."*[5]

Der Festvortrag für ARBEIT UND LEBEN in Salzgitter hatte seinen Grund. Vor allem in Salzgitter und Wolfsburg, den neu gegründeten Städten der „Vierjahresplanindustrien" nationalsozialistischer Rüstungsstrategien, prägten die Hypotheken der Vergangenheit das Selbstverständnis der Erwerbsabhängigen. In Salzgitter waren es, nach den Erfahrungen mit dem Nationalsozialismus, die Demontagen der Verhüttungsindustrien sowie die von den einstigen Neuordnungsvorstellungen gerade noch mühsam errungene Montanmitbestimmung; in Wolfsburg die Tatsache, dass das ehemalige KdF-Werk, aufgebaut und betrieben durch eine nazistische Parteigliederung und als Produktionsstätte der „Vergeltungswaffe V-1" den Herrschaftswahn der Nazis symbolisierend, eine auf dem Automobil als Konsumgut beruhende Industrialisierung forcieren sollte.

Beide Städte entwickelten sich nach 1945 zu wichtigen Zentren der industriellen Massenproduktion in Westdeutschland. Sie wurden „Pro-

---

4 Hans Preiss: „Politische Bildungsarbeit". Referat aus der Eröffnungsveranstaltung der Bildungsvereinigung ARBEIT UND LEBEN Salzgitter e. V. am 13. Oktober 1975, hrsg. vom Vorstand der Bildungsvereinigung ARBEIT UND LEBEN Salzgitter e. V.

5 zit nach ebenda S. 9; Landesarbeitsgemeinschaft Arbeit und Leben Hessen, zit.n. H. Feidel-Mertz: Zur Ideologie der Arbeiterbildung, 2. Auflage Frankfurt/ M. 1972, S. 271.

totypen“ des fordistischen Wachstumsmodells, und Nachkriegsboom wie Konjunktur- und Rationalisierungskrisen spiegelten sich in beiden Industrieregionen wider. Der Ansatz, sich mit der kapitalistischen Wirtschaftsweise und der Forderung nach qualifizierter Mitbestimmung in den großen Industriebetrieben zu beschäftigen, blieb somit lebendig – trotz gescheiterter Neuordnungskonzepte und Teilhabe am Wirtschaftswachstum.[6]

Politische Bildung, um „mehr Demokratie zu wagen“

1974/75 wurde die westdeutsche Bevölkerung erstmals seit dem Zweiten Weltkrieg mit einer weltweiten Wirtschaftskrise und ihren Begleiterscheinungen wie dem Rückgang des Wirtschaftswachstums, Absatzkrisen und steigender Erwerbslosigkeit konfrontiert, die viele in dem Ausmaß nicht (mehr) für möglich gehalten hatten. Der Ausbau der politischen Bildung erschien notwendiger denn je, zumal in der Bundesrepublik die Entscheidungen über existenzielle ökonomische, soziale und politische Zukunftsfragen fast ausschließlich als Elitenangelegenheit behandelt wurden (wie etwa die Entscheidung, die zukünftige Energieversorgung durch den Ausbau der Kernenergie sicherzustellen).

Nach den Beschreibungen der sozialen, ökonomischen und politischen Entwicklungen in seiner Rede zog Preiss den Schluss:

> *„Bedingungen der Krise verlangen von politischer Bildungsarbeit einmal mehr ein klares Bekenntnis zur Emanzipation, zur Befreiung von jeder Herrschaft, die nicht demokratisch begründet ist. (...) Selbstbestimmung setzt die Fähigkeiten voraus, sich ein eigenes Urteil zu bilden, sich dem Anpassungsdruck zu entziehen, auch durch Verweigerung. Bildungsarbeit, die nicht zur Selbstbestimmung hinführt, verwirkt sich selbst.“*[7]

---

6 All die Faktoren, die für die Diskussionen eine Rolle spielten, etwa der Zustand der sich neu organisierenden Arbeiterbewegung nach 1945, die politische Landschaft, das Scheitern der gewerkschaftlichen Neuordnungsvorstellungen u.a.m. wären hier zu diskutieren. Darunter (Literaturangaben nur auszugsweise) für Braunschweig und Wolfsburg von Udo Riechert: Neubeginn im Schatten der NS-Tyrannei. Gewerkschaften und Betriebsräte in Braunschweig und Wolfsburg in den ersten Nachkriegsjahren, Steinweg Verlag, Braunschweig 1987.

Für Salzgitter Klaus-Peter Wittemann: Kommunistische Politik in Westdeutschland nach 1945. Der Ansatz der Gruppe Arbeiterpolitik, Hannover 1977.

7 Zit nach ebenda S. 11.

Inwieweit gilt diese Feststellung heute noch – fast 40 Jahre später? Die instrumentell-technische Arbeitswelt hat sich seitdem im (wiedervereinigten) Deutschland stark verändert. Traditionelle, für die Gewerkschaftsbewegung einst starke Industriezweige wie die Montanindustrie sind inzwischen verschwunden und die Erwerbslosigkeit von Millionen erwerbsfähiger Frauen und Männer ist zum Dauerthema geworden. Was heißt das für die politische Bildung heute?

Politische Bildung setzt auf Prinzipien, die sich von humanistischen und demokratischen Werten leiten lassen. In einer Welt, in der das Recht und der Zugang zu Ressourcen mit Geld, Macht und Verwertungsinteressen gekoppelt sind, setzt politische Bildung auf die Kraft der Erkenntnis, dass gemeinsames Handeln Machtlosigkeit und Resignation überwinden kann. Politische Bildung ist keineswegs eine Art „Gegenmanipulation“ (Preiss), mit der etwa die vielfältigen Mechanismen der Manipulation aufgehoben werden könnten. Politische Bildung kann und muss Einsichten in gesellschaftspolitische Zusammenhänge und in die Möglichkeiten solidarischen Handelns geben. Doch inwieweit haben sich die Ansprüche an politische Bildung in der gegenwärtigen Welt verändert?

Heute ist es üblich, statt von Bildung von Kompetenz und Qualifikation zu sprechen. Beide Bezeichnungen sind Ausdruck der Funktionalisierung von Bildung. Die Konzepte und Programme hinter den Begriffen ersetzen den Bildungsbegriff aber nicht. Bildung – im anthropologisch-humanistischen Sinn – stellt eine lebenslange Anstrengung dar, einen Prozess, der von einer dauerhaften Suchbewegung angetrieben wird. Auf dieser Suche geht es um Erkenntnisbereiche, die sich wechselseitig beeinflussen. Es geht um die Aneignung von Wissen, das Verstehen ermöglicht: sich selbst verstehen (= Reflexivität), Fremde verstehen (= soziale Kompetenz) und die Welt verstehen (= fachliche Qualifikationen).[8]

Dieses wechselseitige Verstehen verharrt nicht in Kontemplation, sondern wird handlungsrelevant. Es handelt sich dabei sowohl um einen kognitiven Prozess als auch um den Einsatz unserer affektiven Fähigkeiten,

8 Der hier verwendete Begriff der „fachlichen Qualifikation“ beschränkt sich dabei nicht auf die berufliche Qualifikation, die nur ein spezifizierter Teil von Weltverständnis meint, sondern bezieht sich auf alle materiell und ideologisch erfahrbaren Bereiche, die Existenz und den Zustand dieser Welt prägen – von der Natur über Technik bis hin zu gesellschaftspolitischen Zusammenhängen.

Der humanistische Bildungsbegriff aus der klassischen Philosophie – gesellschaftstheoretische und anthropologische Dimension

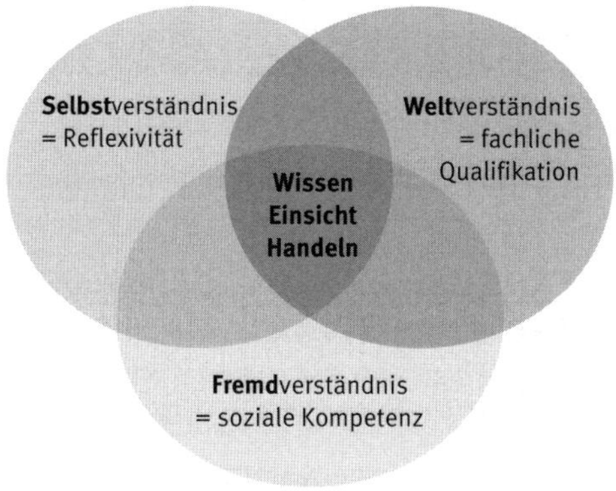

die von unseren Bedürfnisse getrieben werden. Das Erkannte zeichnet sich nicht nur als intellektuelle Leistung aus, sondern entwickelt sich durch unser Fühlen und Wollen auch zu einem ethischen Verantwortungsbewusstein. Es gibt keine mechanische Abfolge von Aufklärung. Die Lehre "Ich denke, also bin ich" (Anhäufung von Wissen) reicht nicht aus, ein "Ich fühle, wünsche und begehre, also bin ich" tritt hinzu. Gleichzeitig knüpfen im affektiven Bereich die Manipulationsmöglichkeiten an das Unbewusste (Abwehr, Ängste, Projektionen usw.) an, durchsetzt mit zahlreichen Mechanismen, die als Bildungsbarriere wirken und unser Handeln (oder Nichthandeln) prägen. Herrschaftssysteme wie Werbestrategien etwa nutzen diese menschlichen Bedürfnisse als Einfallspforten zur Manipulation.

Ein Mechanismus, den die Gesellschaft produziert, wirkt dabei ambivalent: Handelt es sich bei Bildung nur um eine Ware, droht sie zum funktionalen Besitzstand oder zu Halbwissen zu degenerieren. Dieses stellt dann keine Vorstufe zur Bildung mehr dar, sondern ist ein Instrument zur Sicherung von Macht und Status. Spätestens seit der nationalsozialistischen Herrschaft in Europa und Adornos Bildungsansatz wissen wir um die Handlungsrelevanz von Bildung als Bereitschaft zum Widerstand gegen Unrecht, Ausbeutung und terroristische Politik. Bildung ist stets auch politische Bildung.

Gemäß Preiss' Ausführungen über eine ausschließlich auf Funktion ausgerichtete berufliche Bildung gehört zur „Qualifikation“ auch eine gewisse „Anpassungsbereitschaft“, das politische „Wohlverhalten“. Daraus resultiere die Forderung, dass der – in den 1970er Jahren neu errungene – Anspruch auf Bildungsurlaub kein Instrument für unternehmerische Zwecke sein dürfe. Politische Bildungsarbeit müsse insofern begriffliche Klarheit schaffen, als dass ein „entschiedener Kampf gegen alle Schattierungen der Partnerschaftsideologie“ geführt werden müsse. Denn es sei eine Legende, dass sich „Politik (...) in eine Anzahl von Sachfragen auflösen (lasse), aus denen sich schließlich ebenso viele Sachzwänge ergeben.“ Es gehe keineswegs um Ideologie, die Frage „Ideologie oder „wertfreie Bildung“ sei „falsch gestellt“. Vielmehr gehe es um die Entscheidung für den „bewußte(n) und überzeugte(n) Einsatz für die Interessen der Arbeiter und Angestellten“ und damit um die Entscheidung für Gewerkschafter ein „bildungspolitisches Ziel: Aufklärung im Interesse der arbeitenden Menschen!“ anzustreben.[9]

Die Entscheidung über die Themenauswahl für den Bildungsurlaub stand deshalb ausschließlich den Arbeitnehmerinnen und Arbeitnehmer zu. In den 1970er Jahren prägten die Bildungsarbeit von ARBEIT UND LEBEN Niedersachsen in Wolfsburg sehr unterschiedliche Themen: „Betriebsverfassungsgesetz und Interessenvertretung“, „Rationalisierung und betriebliche Interessenvertretung“, „Mitbestimmung“, „Faschismus“ oder „multinationale Konzerne und die Dritte Welt“. Sie knüpften unmittelbar an den betrieblich breit erfahrbaren Interessengegensatz, an historisch-gesellschaftliche Zusammenhänge, die Diktatur und Ausbeutung ermöglichen, sowie an geschichtliche Dimensionen solidarischen Handelns an.

Gleichwohl hat sich die Themenpalette seit Anfang der 1980er erheblich erweitert und ausdifferenziert: Waren es zunächst Umweltthemen, beginnend mit der Debatte über das Waldsterben und die Kernenergie, kamen eine Reihe kulturpolitischer Seminare wie „Photographie und Gesellschaft“, „Sport und Gesellschaft“, „Musik und Gesellschaft“, „Kunst und Einmischung“, „Lebens-Räume – Geschichte städtischen Wohnens“, „Wasser – Spaß, Leid, Lebensnotwendigkeit“ hinzu. Ergänzt wurden sie durch psychosozial unterstützende Seminare wie „Stress und Burnout“,

9 Preiss, a.a.O., S. 20

„Mobbing – was tun gegen den Terror am Arbeitsplatz", „Psychologie im Alltag", „Liebe und Partnerschaft in der Leistungsgesellschaft" sowie krisenauswegsuchende Seminare etwa zur „Bewältigung von Schulden" und zur Lebensphilosophie – darunter Themen nach Erich Fromms Buch „Haben oder Sein – Über die Werte in unserer Gesellschaft" – , ferner "Wünsche, Wollen, Wirklichkeiten", „Der Wille zur Freiheit" oder „Eigenverantwortung – zurück zu eigenen Entscheidungen" – um nur eine Auswahl zu nennen.

Angesichts dieser Aufzählung muss sich die politische Bildung bei ARBEIT UND LEBEN in Wolfsburg der Frage stellen, ob sie sich im Laufe der Jahre einem oder gar mehreren Zeitgeistern bloß angepasst oder wichtige gesellschaftliche Trends kritisch begleitet hat, die Soziologen unter Begriffen wie „Erlebnisgesellschaft", „Risikogesellschaft", „Freizeitkultur", „Wertegemeinschaft", „Wissensgesellschaft" oder „Mediendemokratie" zusammenfassen.

Bereits Mitte der 1980er Jahre wurde bei der Wolfsburger Bildungsvereinigung über die veränderten gesellschaftlichen Rahmenbedingungen diskutiert, innerhalb derer die vertikalen Unterscheidungen zwischen Arbeiter(innen) und Angestellten, Unterschicht und bürgerlicher Mittelschicht zwar noch existierten, aber „überlagert (wurden) durch andere, gleichsam horizontale Differenzierungen": die wachsende Kluft zwischen Erwerbslosen und Erwerbstätigen, zwischen „Rationalisierungsgewinnern und -verlieren, zwischen gesicherten Stammbelegschaften und gefährdeten Randbelegschaften". „Vielfältigere Varianten und ‚Milieus' auch innerhalb der Arbeiterschaft" sowie die Bedeutungszunahme „außerberuflicher Interessen und Lebensorientierungen" standen ebenso zur Debatte um die Zukunft der Arbeiterbildung wie die umstrittene Frage, „ob in der Arbeiterschaft noch ein bedeutsames Potenzial für eine politische ‚Kontrast- und Widerstandskultur' vorhanden" sei.[10]

Das Dilemma hat gegenwärtig sogar zugenommen: Erschien somit Mitte der 1980er Jahre – nur wenige Jahre vor dem Fall der Ost-West-Grenzen – ein Rückblick in die erste Hälfte der 1970er wie ein Rückblick in „ein früheres Jahrhundert" (Siebert), so muss die Welt heute – also nach

10 Horst Siebert: Hat die Arbeiterbildung eine Zukunft?; in: 40 Jahre ARBEIT UND LEBEN Niedersachsen, hrsgn. von der Bildungsvereinigung ARBEIT UND LEBEN Niedersachsen e. V., Hildesheim 1989, S. 60f.

den Grenzöffnungen 1989 – der „IT-technischen“ und der darauffolgenden „digitalen Revolutionen“ sowie den finanzmarktgetriebenen Verwertungsanforderungen erst recht wie ein völlig neuer Planet erscheinen oder – wie es ein bekannter Kritiker der politischen Ökonomie betitelt – ein Kapitalismus, wie wir ihn nicht kennen.[11]

Die ursprüngliche Kernfrage in der politischen Arbeiterbildung lautete: Lassen sich in den Themenstellungen Interessengegensätze erkennen, die das soziale Konfliktpotenzial zwischen abhängig Beschäftigten und Kapitaleignern bzw. zwischen demokratischen und antidemokratischen Haltungen widerspiegeln? Und treffen die Themen die Lebenswirklichkeit der Bildungsurlaubsteilnehmer(innen), sodass eine Diskussion Eigeninteressen für die Teilnehmer erkennbar macht und handlungsorientierend ist? Inzwischen behaupten neuere soziologische Beschreibungen, dass Arbeitnehmer(innen) durch ihre Einlagen von Lohnbestandteilen in sogenannte Alterssicherungsfonds, Zeitwertpapieren und Betriebsrenten sowie traditionelle Lebensversicherungen oder durch das eigene Fahrzeug ebenfalls an Umweltzerstörungen, Verwertungszwängen und umweltbezogenen Risikozunahmen beteiligt sind.

Hat sich das einstige Klasseninteresse also durch eigene Interessen an der Funktionstüchtigkeit einer finanzmarktdominierten und digital gesteuerten Form des Kapitalismus, wie wir ihn gerade erst kennen lernen, in einzelne Sachfragen aufgeteilt oder gar aufgelöst ? Übernehmen nicht auch Arbeitnehmer viele Argumente, die ihren Eigeninteressen entgegenstehen? Oder gibt es andere Gründe, warum die jeweiligen Interessen weniger deutlich denn je ausgeprägt sind? Zum Beispiel ermöglicht die Verlagerung vieler Erfahrungswelten, wie etwa die Kinderarbeit unter lebensgefährlichen Arbeitsbedingungen in afrikanischen, asiatischen und lateinamerikanischen Länder, dass die Produktversorgung mit Textilien, Obst, Schokolade zu Billigstpreisen dennoch auf deutschen Supermarktauslagen willkommen ist.

Gehörte in den Nachkriegsjahren der Kampf gegen die Abhängigkeit von Lohnarbeit, die mit existenziellen Unsicherheiten (z. B. keine Ent-

---

11 Elmar Altvater: Das Ende des Kapitalismus, wie wir ihn kennen. Eine radikale Kapitalismuskritik, Verlag Westfälisches Dampfboot, Münster 2005.

geltfortzahlung bei Krankheit, Löhne am Existenzminimum) verbunden ist, noch zu den wesentlichen gemeinsamen Erfahrungshorizonten für eine auf Solidarität angelegte Handlungsorientierung, so scheinen heute Lohnersparnistransfers in unterschiedliche Kapitalanlageformen einen Teil der abhängig erwerbstätigen Bevölkerung in eine Verwertungsdynamik hineinzutreiben, innerhalb der sie den Argumentationsmustern ihrer Arbeitgeber folgen. Ob in der Hoffnung, am Ende auf der Gewinnerseite zu stehen, oder aus Alternativlosigkeit sind wiederkehrende Fragen in den Diskussionen der BU-Seminare.

Die Antwort kann letztlich nur eine Urteilsbildung geben, die für abhängig erwerbsfähige Menschen authentisch begründbar ist: Die bildungspolitischen Ziele der Aufklärung orientieren sich am Interesse der von Erwerbsarbeit abhängigen Menschen (also erwerbstätige wie erwerbslose) sowie an einem klaren Bekenntnis zur Emanzipation, zur Befreiung von jeder Herrschaft, die nicht demokratisch begründet ist. Sie bilden für das Selbstverständnis der politischen Bildungsarbeit von ARBEIT UND LEBEN nach wie vor die zentralen Säulen. Bildung, die auch die internationale Dimension menschlicher Existenz einschließt, macht vor den Lebensbedingungen abhängig beschäftigter und erwerbsloser Kinder, Frauen und Männer in anderen Ländern nicht Halt. Es ist sowohl eine intellektuelle Leistung als auch eine vom ethischen Wollen geprägte Haltung, durch die sich ARBEIT UND LEBEN besonders auszeichnet. Gerade in Krisenzeiten stellt sich heraus, dass die auf dem Wohlstandsunterschied beruhende materielle Bedürfnisbefriedigung der Bevölkerung in den Industrieländern auf fragilen Fundamenten einer ungerechten Arbeitsteilung und Konsumgüterverteilung beruht und zum Preis neuer Abhängigkeiten, auch für abhängig Erwerbstätige in den Industrieländern, erkauft wurde. Rückblickend stellen auch renommierte Zeithistoriker fest, wie weit die Umverteilung des Volksvermögens zugunsten einer schmalen Oberschicht in den letzten drei Jahrzehnten vorangeschritten ist.[12]

---

12 So jüngst Hans-Ulrich Wehler: Wachsende Ungleichheit. Wo bleibt der Protest? Anmerkungen zum Entwurf des Armuts- und Reichtumsberichts der Bundesregierung; in: Die ZeitNr.7 – 7. Februar 2013.

Politische Bildung und Klassenbewusstsein

In unserer Zeit ist es unüblich geworden, von Klassenbewusstsein zu sprechen. Wer sich dieses Begriffes bedient, selbst in seiner verklausulierten Form des „sozialen Konflikts", läuft stets Gefahr, als ewig Vorgestrige(r) an den Pranger ideologischer Verblendung gestellt zu werden.

Die politische Bildungsarbeit bei ARBEIT UND LEBEN hat sich dem gesellschaftlichen und politischen Wandel nicht verweigert. Das selbstkritische Hinterfragen der eigenen Ziele und Wertvorstellungen ist unabdingbar, auch wenn Interessen, Wünsche und Bedürfnisse nicht selten im Konflikt miteinander stehen.

Dass ein großer Bevölkerungsteil abhängig erwerbstätig ist, ist eine wesentliche Folge aus der sogenannten Marktwirtschaft. Die weltmarktstarke Stellung der Unternehmen in Deutschland und mit ihr der Konkurrenzkampf um Technologien, Dienstleistungen usw. trug dazu bei, dass sich einerseits soziale Aufstiegsmöglichkeiten eröffneten und damit sich der Anteil der Angestellten vergrößerte. Andererseits wuchs auch der Anteil derjenigen, die ihre Leben mit Niedriglohn und Leiharbeit bestreiten mussten. Obwohl allen die Abhängigkeit ihrer Erwerbstätigkeit gemeinsam ist, sind die Möglichkeiten, die eigene Existenz zu gestalten, sowie das konkrete Erleben des eigenen Arbeitsumfelds zu verschieden, um Kristallisationspunkte solidarischen Handelns zu erkennen und auszuüben.

Eine Untersuchung zum vermeintlich wachsenden „Zeitwohlstand" bei den Beschäftigten von Volkswagen im Rahmen der Arbeitszeitverkürzung in den 1990er Jahren hat gezeigt, dass im Gegenteil Unsicherheit und Erholungsbedarf stark gewachsen sind. Unter dem Begriff „Entgrenzung der Arbeit" hatte die Studie von Wissenschaftlern der TU Berlin festgestellt, dass drei Mechanismen – nämlich „die Flexibilisierung der Arbeitszeitmuster, die Entgrenzung der Arbeitsverantwortung und die Externalisierung von Leistungen zur Erhaltung des Arbeitsvermögens" – darauf abzielen, die Verfügbarkeit des Einzelnen für die Erwerbsarbeit zu erhöhen. Gleichzeitig steigt die Nachfrage nach einem Erlebniskonsum, der kollektive Formen des Freizeitengagements[13] behindert. Die durch betriebliche Weiterbildun-

---

13 Zit nach der Zusammenfassung in der Studie Volker Hielscher / Eckart Hildebrandt: Zeit für Lebensqualität. Auswirkungen verkürzter und flexibilisierter Arbeitszeiten auf die Lebensführung,

gen betriebene Sozialkompetenz, bei der das unternehmerische Denken und Handeln zum Leitprinzip avancierte, mündete Anfang der Jahrtausendwende schließlich in die Ideologie der „Ich-AG“ des Bündnisses für Arbeit. Darüber hinaus wurde das erwerbsabhängige Leben mehr als je zuvor durch das „Serielle“ („Generation VW“, „Generation Golf“, ...) bis in die Privatsphäre hinein geprägt. Die Serienproduktion schuf jedoch Menschen nicht als frei handelnde Subjekte, sondern als stringent eingebundene Mitglieder eines Sozialkörpers, dessen Zugehörigkeit wiederum durch das Serielle (Stammnummer, Spindnummer etc. – siehe Beitrag von *Stephan Krull*) charakterisiert ist.

Vor dem Hintergrund dieser Entwicklung geht es in der politischen Bildungsarbeit nicht zuletzt darum, die in Werbeagenturen, Medien und Unternehmen produzierte, kaum noch überschaubare und irritierende Meinungsvielfalt einerseits und potenzielle Manipulation im Rahmen vom Mainstream-Konsens der „Anständigen“ andererseits durch gemeinsame Diskussionen über eigene Erfahrungen zu dechiffrieren. Es geht darum, das zu hinterfragen, was Gramsci als „kulturelle Hegemonie des Kapitals“ bezeichnet[14] und Haug unter der Bezeichnung der „entfremdeten Hand-

Wohnblock mit Schüsselfassade in Berlin Foto: K. Meier

hrsgn von der Hans-Böckler-Stiftung Rainer Bahn Verlag, Berlin 1999, S. 244 ff.

14 Thematisiert bei Wolfgang F. Haug: Die kulturelle Unterscheidung. Elemente einer Philosophie des Kulturellen, Argument Verlag Hamburg 2011, Kapitel Gramsci und die Politik des Kulturellen, insbesondere S. 130 ff.

lungsfähigkeit" verdichtet: Eine ganze Generation unterwirft sich derzeit in unterschiedlichen Formen einem Fitness-Leistungsfähigkeits-Prinzip, das der Effizienz des Kapitalmanagements nachempfunden ist.[15] Es geht nicht darum, gesundheitsfördernde Lebensweisen zu kritisieren, sondern um eine kritische Reflexion des eigentlichen Motivs: die Steigerung von Leistungsbereitschaft und -fähigkeit, die bestimmten hierarchisch geprägten Normen entspricht, die Durchsetzung von Schönheitsvorstellungen als Massengeschmack oder das Versprechen, den Mangel am „Sein" durch ein Überschuss an „Haben" zu verdecken. Neue Konsumvielfalt und Freizeitfüllungsangebote treten an die Stelle von Emanzipation. Die fehlende Haltung wird durch einen neuen „Life-Style" nach außen kompensiert, der sich in Coolness, Lässigkeit, Anmut, Performance, High-Tech, Ästhetik und Individualität ausdrückt, kurz: das Warenangebot hat für jeden die „emotionale Maßkleidung" (so ein Werbefilm von Volkswagen zur zukünftigen Autovermarktung im Zusammenhang der Autostadt in Wolfsburg) bei gleichzeitig zunehmender „McDonaldisierung" (George Ritzer) unserer Lebensweise.[16]

Fast jede Werbung behauptet mittlerweile unabhängig vom Produkt, dass nichts erotischer sei und liebenswerter mache als der Erfolg. Die Erfahrungen in den BU-Seminaren zur politischen Bildung in Wolfsburg untermauern dieses Credo: Anders als etwa in der nahe gelegenen Eisen- und Stahlindustriestadt Salzgitter, schien das bei Volkswagen in Wolfsburg arbeitende Proletariat, trotz des hohen gewerkschaftlichen Organisationsgrades viel entschiedener seinen Frieden mit den gesellschaftlichen und politischen Verhältnissen geschlossen zu haben.

Guérin Steichen hat im Laufe seiner Ausbildung und politisch-pädagogischen Arbeit begriffen, dass die Herrschaftsverhältnisse mit ihren vielfältigen Entfremdungsformen im gesamten Leben der Arbeitnehmerinnen und Arbeitnehmer nur gemeinsam mit den Betroffenen erforscht und diskutiert werden können. Folgerichtig gründet sich die Besonderheit der Bildungsvereinigung ARBEIT UND LEBEN in Wolfsburg, über das

15 ebenda, S. 149ff.

16 Haug weist etwa auf die durch Martin Broszat bereits beschriebenen Kontinuitätslinien, die im Nationalsozialismus und der Bundesrepublik u.a, durch einen bestimmten Unternehmertypus verkörpert werden. Ebenda, S. 151 und 164.

umfangreiche Angebot politisch-kultureller Seminare hinaus und unter anderem in Anlehnung an die Ideen der Weimarer Republik, auf den Bezug zum Wohnbereich der Menschen.

In der ersten gesamtdeutschen Republik war die in und an den Wohnorten orientierte Bildungsarbeit, aufgrund der außerhalb der Arbeitswelt notwendigen Strategien der Existenzsicherung sowie der stark beschränkten Räume für die gewerkschaftliche Arbeit in den Betrieben, geradezu existenziell. Heute bietet sie mögliche Zugänge für „gewerkschaftliches Bewußtsein" (Preiss), weil sie die Vorstellung, dass die Freizeit- und Produktangebote eine Versöhnung mit Entfremdungen und fehlender Emanzipation herstellen könnten, mittels intellektueller Leistung als Illusion verflüchtigen kann, und infolgedessen Erwerbsabhängige aus der potenziellen Resignation führt.

Teilnehmerzeichnung „Alltag" Archiv G. Steichen

Georg Kiefer, Steichens Mentor, gab Anfang der 1990er Jahre wesentliche methodische Anstöße zu einer „Kritik des Alltagsbewusstseins", in Anlehnung an Walter Benjamins Aussage: „Es gibt nichts, was die deutsche Arbeiterschaft in dem Grade korrumpiert hat, wie die Meinung, sie schwimme mit dem Strom." Technikgläubigkeit, Warenwelt und kulturelle

Selbstverständnisse wurden in Frage gestellt, indem Erfahrungen, Gedanken und Wünsche der Teilnehmer in den BU-Seminaren visualisiert zusammengetragen, angesehen und diskutiert wurden. Diese Beschäftigung mit dem in „Abwesenheit geratenen Vergangenen" und dem „Wollen" eines „freien Willens" offenbarte, wie stark der „freie Wille" in einer Warenwelt der Abhängigkeiten eingeklemmt war.[17] Dieser Herangehensweise von Georg Kiefer in der politisch-kulturellen Bildung kommt insofern eine Schlüsselfunktion zu, weil die freie Willensentscheidung ein Wesensmerkmal für Menschenwürde darstellt.

Beispiel eines Themas im Bildungsurlaub: Wieviel Wettbewerb und Privatisierung verträgt das Allgemeingut Wasser?

Wie eine so verstandene Bildungsarbeit im Grunde alle Seminarthemen betrifft, soll an einem Beispiel konkretisiert werden, und zwar an dem Seminar „Wasser – Spaß, Leid, Lebensnotwendigkeit". Ohne Trinkwasser kein Leben – Wasser ist unser wichtigstes Lebensmittel und deshalb betrachten wir es als ein Allgemeingut und den Zugang und die Nutzung von Trinkwasser als ein fundamentales Recht so wie das Recht auf Luft zum Atmen. Die Selbstverständlichkeit, mit der hierzulande der Wasserhahn im Haushalt oder Betrieb aufgedreht und Wasser genutzt wird, rückt die konfliktbehafteten politischen und sozialen Kontexte des Themas in den Hintergrund – mal abgesehen von Nachrichten aus fernen Ländern im *Auslandsjournal*. Erst außergewöhnliche Witterungsbedingungen und Überschwemmungen durch Deichbrüche in verschiedenen Landesteilen Deutschlands weckten die Aufmerksamkeit einer breiteren Öffentlichkeit, wobei die Ereignisse als „Naturkatastrophen" abgetan wurden. Beim näheren Hinsehen wird jedoch deutlich, wie stark interessengeleitete politische und wirtschaftliche Entscheidungen (oder Unterlassungen) diese Ereignisse beeinflussten.

Anders als auf dem Energiesektor können die Konsumenten den Versorger für Wasser nicht wechseln. Jeder Wasserverband oder jedes Wasserversorgungsunternehmen ist ein regionaler Monopolist. Die Debatten

17 Georg Kiefer: Es müsste doch im Leben, mehr als alles geben. Beiträge zur Kultursemiotik. Steinweg Verlag, Braunschweig 1993, S. 20 ff.

um und Entscheidungen über die Privatisierung kommunaler Wasserversorgungsunternehmen haben die Brisanz im Streit um das Wasser in das Bewusstsein breiter Bevölkerungsteile gerückt. Ende der 1990er Jahre bzw. Anfang der Jahrtausendwende haben einige Städte, darunter Berlin, Kiel, Braunschweig, die Wasserversorgung mit dem Argument privatisiert, dadurch die Versorgungseffizienz steigern und den defizitären Haushalt entlasten zu können. Unterstützt wurden diese Vorhaben durch Gutachten namhafter Wirtschaftsberatungsunternehmen, die ausschließlich die Heilwirkung durch marktwirtschaftliche Prinzipien versprachen und gewinnorientierten Anreizen das Wort redeten (und natürlich fehlte der motivationsfördernde Hinweis auf die unternehmerische Verantwortung für das Gemeinwohl nicht). Politische Vertreter der regierenden Parteien winkten die Privatisierung mit dem Hinweis auf verbesserte Wachstumsperspektiven geradezu durch: Stadtwerke und andere Gesellschaften des öffentlichen Rechts wurden auf dem Kapitalmarkt an Rentenfonds und andere Investmentgesellschaften verkauft.

Keines der Versprechen, weder Effizienz und Qualität noch Entlastung der öffentlichen Haushalte, konnten eingelöst werden. Im Gegenteil verschlimmerte sich die Situation weiter: Die Verschuldung der öffentlichen Haushalte überstieg die vorherige Dimension deutlich und die Privatisierung trug zusätzlich zur Strukturschwäche der städtischen Wirtschaft bei. Allein in Berlin führte die Privatisierung nicht nur zur Verringerung der Zahl abhängig Beschäftigter um 2.000 (von 7.000), sondern auch zum Verlust von 8.000 Arbeitsplätzen im Handwerk (Rohrbau, Instandhaltung etc.), zumal Instandhaltungs- und Neuinvestitionen zugunsten der Gewinnausschüttungen zurückgestellt wurden. Die Gewinne aus dem Wassergeschäft seit der Privatisierung wären in Berlin bereits um ein Vielfaches höher gewesen als durch die Verkaufssumme einmalig erzielt wurde. Seit den letzten Jahren bemühen sich städtische Parlamente, die Privatisierung rückgängig zu machen, obwohl der Rückkauf die Haushalte kurzfristig wieder belastet. In Berlin, wo die Privatisierungen mit geheimen Konsortialverträgen durchgesetzt wurden, muss der Senat aufgrund einer Gewinngarantie den privaten Kapitalanlegern weitere Jahre die zugesagten Gewinne aus dem Steueraufkommen zahlen.

Abschließend soll auf die bemerkenswerten Ereignisse in Münster hingewiesen werden, wo eine beabsichtigte Privatisierung des städtischen Wasserversorgers durch die gewerkschaftlich organisierten Busfahrerinnen und fahrer verhindert wurde. Da die kommunal betriebenen Wasserversorger aus den erwirtschafteten Überschüssen häufig andere Bereiche subventionieren, wie etwa den öffentlichen Nahverkehr, hätte die geplante Privatisierung auch bei den Busfahrer(innen) zu einer erheblichen Senkung ihres Entgelts und zu Personalabbau geführt. Bei einer Urabstimmung hatten sich 97 Prozent für Kampfmaßnahmen ausgesprochen mit der Konsequenz, dass der Stadtrat den Beschluss fasste, den Verkauf der städtischen Wasserwerke zu verbieten.

Die entscheidende Frage ist letztlich, wer über die (regionalen) Trinkwassermonopole herrscht bzw. entscheiden darf – gewinnorientierte Privatinvestoren oder das Volk bzw. seine gewählten Vertreter – und in welcher Form.

Zu entscheiden gibt es – grob zusammengefasst – dreierlei:

- die Erhaltung einer qualitativ hochwertigen Wasserversorgung als strengst kontrolliertes Lebensmittel,[18]
- ein für die Konsumenten akzeptabler Preis bei gleichzeitiger Erwirtschaftung von Mitteln für weitere Zwecke des Gemeinwohls (z. B. Subventionierung von im Interesse des Allgemeinwohls befindlichen Anliegen wie Kindertagesstätten, Nahverkehr o. a.) sowie
- ein Wasserschutz im Sinne ökologischer, ökonomischer und sozialer Belange, die das Prädikat Nachhaltigkeit auch verdienen (beispielsweise unter Einbeziehung der Agrarbetriebe, um etwa die Überdüngung des Bodens und damit eine Gefährdung des Grundwassers zu vermeiden).

18 Einer der Gründe, die zu den staatlich hohen Reinheitsanforderungen an die Wasserversorgung gestellt wurden, erschließen sich durch einen Blick in die Geschichte der Industrialisierung: In der zweiten Hälfte des 19. Jahrhunderts sind tausende von Menschen, wobei die beengten Arbeiter- und Armenvierteln stets am stärksten betroffen waren, durch verschmutztes Wasser an Krankheitserregern verstorben. Allein in Hamburg verstarben im Jahre 1892 durch die Cholera-Epidemie über 8.000 Menschen – trotz der Kenntnisse, die zu dem Zeitpunkt über die Entstehung und Verbreitung von Cholera, die wesentlich früher pandemischen Formen mit zahlreichen Todesfällen auftrat. Erst die Industrialisierung mit ihren sozialen Problemen und Konflikten sowie den ökologischen Belastungen schuf die idealen Voraussetzungen für die Verbreitung von Cholera-Epidemien mit massenhaft gesteigerten Todesfällen.

Schließlich fehlt auch eine gesellschaftspolitische Auseinandersetzung mit der Frage, wie das Thema in der Europäischen Union behandelt werden soll. Soll die Wasserversorgung gemäß unseres derzeitigen Standards – getragen von rund 4.700 regionalen (teils öffentlichen, teils privaten) Wasserversorgern – beibehalten werden oder vorrangig von gewinnorientierten Konzernriesen übernommen werden, wie es in Frankreich bereits der Fall ist? Die zum Teil katastrophale Wasserversorgung in Großbritannien durch private Unternehmen lädt dazu genauso wenig ein wie die mangelhafte Versorgung in Frankreich.

Mit dieser – stark verkürzten – Darstellung soll politische Bildung kein EU-Bashing betreiben, sondern die Teilnehmer dazu motivieren, sich – hier am Beispiel Wasser – ihre Interessenlage in diesem Zusammenhang genau anzusehen. Die Bildungsarbeit wird zwar an einem sachlichen Thema geleistet, aber die Probleme nicht technisch gelöst. Sie verdeutlicht, dass sich sogenannte „Sachfragen" eben nicht einfach durch verbesserte Technik etc. lösen lassen, sondern nur anhand der Diskussion und Klärung von Interessenlagen.

Der Wolfsburger Raum, der unterschiedlich organisierte regionale Wasserversorger aufweist, bietet geradezu an, dass die in den Wohnbereichen gewerkschaftlich organisierten Kolleginnen und Kollegen zusätzliche Handlungsmöglichkeiten kommunalpolitisch wahrnehmen.

Politische Bildung als Diskurs über Antagonismen der Herrschaft

Während die Arbeitswelt abhängig Erwerbstätigen – trotz Mitbestimmung – auch in der Moderne weiterhin als hierarchisch organisiertes Verhältnis von oben und unten begegnet und Kapitalinteressen bei Verwertungskrisen Vorrang haben, suggeriert die Konsumwelt heute mehr denn je die Möglichkeit vollkommener Gleichheit. Auch die „Ich-AG" verspricht, endlich selbständig und sein eigener Chef zu sein. Tatsächlich bleiben diese unabhängig Erwerbstätigen weiterhin abhängig, nur in gewandelter Form: Eine neue Gruppe von „Erwerbssingles" schlägt sich ohne solidargemeinschaftliche Handlungsabsprachen als Einzelkämpfer durch, nach dem Motto: Alles soll möglich sein, doch leider ist alles auch unsicher. Über die Eisbergspitze der „Ich-AG" hinaus (oder besser: tief darunter) durchdringt eine Art „Fließband-Egoismus" geistig-mental das gesamte Sozialwesen. Abhängig Erwerbstätige in großen Betrieben finden sich im Bett des Prokrustes wieder – zum Teil als widerstrebend Hineingepresste, zum Teil als ambitionierte Subjekte des modernisierten Herrschaftssystems.[19] Ob als „Ich-AG" oder mit Arbeitsvertrag innerhalb eines Unternehmens: Wir sollen lernen, uns selbst marktgerecht zu verwerten.

Tatsächlich drehen sich die gesellschaftlichen und politischen Mechanismen nach wie vor um Herrschaft. Aber gerade ihre Existenz wird heute überwiegend bestritten, verharmlost, beschönigt oder verschleiert: zum einen durch die „BWL-isierung" unserer Gedanken und Sprachgewohnheiten und zum anderen durch universitäre Wissenschaftszweige – wie die der Soziologie – , die diesen Euphemismus fördern.[20]

Die Erfahrungen abhängig erwerbstätiger Frauen und Männer in betrieblichen Arbeitsverhältnissen und die dabei subjektiv erfahrene Perspektive sind von einer Verschiedenheit durchdrungen, die vielfältiger ist als noch etwa vor 100 oder 50 Jahren. Beschäftigte bei Automobilkonzernen oder deren Zulieferern wählen Betriebsräte, sind gewerkschaftlich organisiert und können sich auf historisch errungene Rechte berufen. Andere Beschäftigungsbereiche hingegen , denken wir nur an die jüngst in Schlagzeilen geratenen Versandbetriebe wie Amazon oder Zalando oder einige Supermarktketten, vermitteln den Eindruck, dass selbst verbriefte Rechtstitel faktisch nicht mehr existieren: Wahlen zum Betriebsrat werden durch die Geschäftsleitungen geschickt unterlaufen, die Arbeitsbedingungen unterliegen unzumutbaren Regeln (digital-computergesteuerte oder personell infiltrierte Überwachungsvorgänge, krankheitsfördernde oder unfallträchtige Arbeitsverrichtungen) und bei Verdacht gewerkschaftlicher Betätigung erfolgt die Kündigung.

Das bedeutet nicht, dass die Kolleginnen und Kollegen in Betrieben mit hohem gewerkschaftlichen Organisationsgrad und Betriebsräten keine

19 Wer hätte noch vor 35 Jahren vermutet, dass es gerade ein Herausgeber der FAZ sein würde, der dieses Thema kritisch würdigt; dazu Frank Schirrmacher: Ego. Das Spiel des Lebens, Karl Blessing Verlag, München 2013.

20 Vergl. hierzu die Abschiedsvorlesung von Lothar Peter an der Universität Bremen unter dem Titel „Wozu noch Herrschaftskritik?"; in: Blätter für deutsche und internationale Politik, 5 (Mai) / 2005, S. 587 – 599.

Probleme hätten – im Gegenteil. Der Unterschied besteht jedoch darin, dass die kollektiven Handlungsmöglichkeiten solidarischen Handelns, insbesondere für eine Verbesserung der Arbeits- und Lebensbedingungen, als Errungenschaft besser genutzt werden können.

Auf der anderen Seite besteht auch heute noch eine Gemeinsamkeit, die sich für abhängig erwerbstätige Frauen und Männer nicht anders darstellt als vor 100 oder 50 Jahren, nämlich dass eine Verbesserung ihrer Arbeits- und Lebensbedingungen ohne ein kollektiv-solidarisches Handeln nicht möglich ist. Die Koalitionsfreiheit, die das Grundgesetz verbürgt, bedeutet noch nicht deren Umsetzung. Es ermöglicht lediglich die Option, wahrgenommen werden zu können. Sie wird nur dann Lebenswirklichkeit, wenn sie von Menschen eingefordert wird, und diese Wirklichkeit – als eine Grundeinsicht politischer Bildung – entsteht nur durch Handeln.

Nach dem Verständnis der Autoren orientiert sich politische Bildung an einem Begriff von Herrschaft, der von einem grundlegenden Antagonismus ausgeht. Dieser fußt auf der Annahme, dass es Herrschende gibt – wirtschaftliche, politische und kulturelle Eliten, organisiert und differenziert in unterschiedliche Fraktionen der herrschenden Klasse –, die daran arbeiten, ihre gesellschaftliche Stellung aufrechtzuerhalten und auszubauen. Die Herrschaftsstrategie besteht darin, die Beherrschten möglichst weitgehend „vom Zugang zu den vorhandenen natürlichen, ökonomischen, sozialen und kulturellen Ressourcen (…) aus(zu)schließen und sie gleichzeitig – durch Zwang oder indirekt – dazu (zu) veranlassen, diese Ressourcen im Interesse und zum Vorteil der Herrschenden produktiv anzuwenden und möglichst zu vermehren." Die marktvermittelte Unterordnung der Arbeitskraft unter die Verwertungsziele des Kapitals ist nur eine Spezifik dieser Herrschaft. Die Zerstörung der Umwelt und der natürlichen Lebensgrundlagen durch eine Art „wissenschaftlich-technische" Marktführerschaft eine andere, die jedoch ohne diese Verwertungszusammenhänge nicht begreifbar ist. Sozialrassismus, Fremdenfeindlichkeit und Sexismus stellen darüber hinaus psychosoziale oder -ökologische Aspekte dieser Verhältnisse dar.

„Nicht immer treffen alle Merkmale von Herrschaft gleichzeitig auf konkrete soziale Gruppen zu. In einigen Fällen können ihre Mitglieder

sowohl Objekt als auch handelndes Subjekt von Herrschaft sein. Das trifft etwa auf Männer zu, die sich einerseits im Erwerbsleben gegen die Willkür des Shareholder-Value-Kapitalismus wehren und andererseits andere Menschen (Männer, Frauen und Kinder) in Abhängigkeit halten, drangsalieren und demütigen."[21]

Eine zentrale Aufgabe politischer Bildung besteht darin, die komplexen und widersprüchlich erscheinenden Ursachen, Vermittlungszusammenhänge und Funktionsweisen gesellschaftlicher Herrschaft zu ergründen, zu diskutieren und so dazu beizutragen, die durch sie hervorgerufenen Probleme einer praktischen, d. h. interessenbewussten Lösung besser zugänglich zu machen.

Die Aufgabe politischer Bildung besteht nach wie vor darin, bei den Herrschaftsmechanismen anzusetzen. Dieser Anspruch wird gern als unzeitgemäße „Klassenkampfideologie" verunglimpft, obwohl die Risiken für Gesellschaftsmitglieder, die nur ihre Arbeitskraft zu Markte tragen können, keineswegs geringer geworden sind.

Das System gesellschaftlicher Herrschaft wird in den Erfahrungswelten durch den Glauben an ein dauerhaftes Wirtschaftswachstum, in dem grundsätzlich jeder Wunsch erfüllbar wird, zunehmend verschüttet. Für Demokratien, die ihre politische Systemstabilität auf Wachstum gründen, bedeutet das in der Konsequenz die Beseitigung von Demokratie und Recht. Dabei geht es nicht primär um zunehmende Aktivitäten rechtsextremistischer Gruppierungen, sondern um weitgehend unkontrollierbare Kapitalinteressen sowie eine zunehmend unangreifbare Dominanz exekutiver Organisationen, die das staatliche Handeln – oft genug begründet durch vermeintlich ökonomische „Sachzwänge" – diktieren.[22]

---

21 ebenda, S. 587 – 599. Siehe dazu auch von W. F. Haug: Die Faschisierung des bürgerlichen Subjekts. Die Ideologie der gesunden Normalität und die Ausrottungspolitiken im deutschen Faschismus, Argument Verlag Hamburg 1986.

22 Bemerkenswert ist, dass auch Akteure, die ihre Karriere auf dem Wachstumserfolg gründen konnten, die Erkenntnis formulieren, dass eine Demokratie, die ihre Existenz und Funktionsfähigkeit auf Wachstum gründet, dadurch letztlich dem Untergang geweiht ist. So u.a. der ehemalige sächsische Ministerpräsident Kurt Biedenkopf während der Diskussion in History live im ZDF am 13. April 2014.

BU „Zukunft zwischen Angst und Hoffnung“, Maskenmontage eines Teilnehmers, Titel: „Wovor wir Angst haben!“ Archiv G. Steichen

Umgestaltung eines VW-Werbeplakats, BU „Arbeit–Freizeit–Wohnen", 1986. Archiv Karsten Meier

Viele Arbeitnehmerinnen und Arbeitnehmer wissen jedoch um die Unsicherheit von Versprechungen. In den Bildungsurlauben kommen immer wieder Erfahrungen zum Ausdruck, die von Unsicherheit und von der Sorge geprägt sind, Trugbildern ausgesetzt zu sein. Ältere Arbeitnehmerinnen und Arbeitnehmer hatten die Krisen der Automobilindustrie in den 1990er Jahren noch selbst erlebt, die nur solidarisch bewältigt werden konnten, weil alle Erwerbsabhängigen „zurückgesteckt" und auf Lohn verzichtet haben. Eine Seite dieser Erfahrung war Begrenzung statt dauerhaftes Wachstum. Die andere war, dass das „Zurückstecken" mit verkürzten Arbeitszeiten verbunden war, und zwar nicht als erster Schritt zur Wiedergewinnung höherer Selbstverfügbarkeit, sondern zwecks Durchsetzung höherer Arbeitszeitflexibilität im Verwertungsprozess.[23]

Aus dieser Erfahrung ergibt sich die Frage, ob in dem antagonistischen Verhältnis Kapitalbesitzer überhaupt dazu bereit wären, ihren Beitrag zu leisten, oder werden sie die Rettung ihres Vermögens grundsätzlich zulasten der von ihnen abhängig Erwerbstätigen durchsetzen? Nach wel-

23 Zu diesem Ergebnis kommen Hielscher und Hildebrandt in ihrer Studie „Zeit für Lebensqualität. Auswirkungen verkürzter und flexibilisierter Arbeitszeiten auf die Lebensführung", hrsgn von der Hans-Böckler-Stiftung Rainer Bahn Verlag, Berlin 1999, S. 244 ff.

chem Muster werden Krisen – angesichts der jüngsten Erfahrungen bei der Rettung der Banken und Kapitalanleger im Verlauf der weltweiten Finanzmarktkrise – in Zukunft gelöst werden?

Eigentlich – so provozierte der verstorbene Berliner Theaterdramaturg Heiner Müller – habe Hitler den Krieg gewonnen. Nicht er selbst und die nazistischen Eliten, sondern als Prinzip, das sich global durchgesetzt habe. Und dieses Prinzip sei das der Selektion im weitesten Sinn.[24]

Die historisch-gesellschaftlichen Hypotheken von Volkswagen und Wolfsburg

Der Bildungsurlaub für politische Bildung in der Wolfsburger Geschäftsstelle von ARBEIT UND LEBEN findet in einer Region statt, die – wie andere Industrieregionen auch – ihre besonderen Hypotheken haben. Für Wolfsburg und das Volkswagenwerk ist es die Tatsache, dass fähige Ingenieure, vor allem der Autobauer Ferdinand Porsche, ihre Technik- und Managementfähigkeiten einem Terrorregime angedient haben, und die damit verbundenen Folgen wie Zwangsarbeit von Frauen und Männern aus den deutsch besetzten Ländern und den Konzentrationslagern während des Krieges sowie das massenhafte Dahinsiechenlassen von Kindern polnischer und sowjetischer Frauen in sogenannten Säuglings- und Kinderheimen umliegender Ortschaften. Mitte der 1980er Jahre lösten solche Erkenntnisse aus Recherchen und Forschung kontroverse Diskussionen aus und bildeten ein Politikum in Wolfsburg.[25]

Gleichwohl drängte eine andere Sichtweise an die Öffentlichkeit: Das Volkswagenwerk, so die Unternehmensleitung, stehe nicht in der Rechtsnachfolge des nazistischen „KdF-Werkes". Es müsse deshalb auch keine Verantwortung für die Folgen übernehmen und Entschädigungen an ehemaligen Zwangsarbeiterinnen und -arbeiter leisten. Auch in diesem Fall waren es in erster Linie Menschen, die politische Bildung mit ethischen Einstellungen verknüpften, und den Mythos Porsche und die 75-jährige Erfolgsgeschichte von

24 Vgl. hierzu auch Heiner Müller: Eigentlich hat Hitler den Krieg gewonnen; in: Freitag Nr. 20 vom 12. Mai 1995, S. 11.

25 Vgl. hierzu vor allem die durch den ehemaligen Stadtarchivar Klaus-Jörg Siegfried erstellte Dokumentation über Rüstungsproduktion und Zwangsarbeit im Volkswagenwerk 1939-1945; Frankfurt am Main 1986 sowie Das Leben der Zwangsarbeiter im Volkswagenwerk 1939-1945, Frankfurt am Main / New York 1988

Volkswagenwerk in Wolfsburg öffentlich hinterfragten und diskutierten.[26]

Die Angehörigen der Herrschaftseliten in (West-)Deutschland versuchten geschickt, ihre Verantwortung mit der Bevölkerung zu teilen: Unter der Schirmherrschaft der Alliierten sollten "die Deutschen" neue Akzente setzen und nach dem Horden- und Block(wart)-Wesen das Individuum "entdecken", in das die zu Massenformationen und Makrosegmenten organisierte Gesellschaft mutiert war. Die Gesellschaft der "Einzelmenschen", die bemüht war, sich vom unfeinen Massenmenschen abzuheben, grenzte sich zwar als demokratische von diktatorischen Systemen ab, dabei diente Arbeit in der Massenproduktion – anknüpfend an einen durch staatspolizeiliche „Arbeitserziehungslager“ anerzogenen Arbeitsethos – nach wie vor als Mittel, eine verpanzerte Ichstabilisierung zu betreiben. "Aufbaufleiß", nicht nur um Trümmer wegzuräumen, sondern auch um nicht nachzudenken zu müssen, und – unterstützt durch die deutsche Teilung – als Sicherung gegen die Furcht vor dem "Verrücktwerden" angesichts der mörderischen Verwicklungen gegen Andersdenkende, Juden und unterdrückte Völker.[27]

Möglich war das unter den Bedingungen der fordistischen Wachstumsgesellschaft, deren Dynamik von einer neuen automobilisierten Produktion und Lebensweise bestimmt wurde: Der "Massenmensch" der Nazizeit wandelte sich zum "Serienmenschen" der Nachkriegszeit. Der Wandel der Gesellschaftsmitglieder in den „freien“ Menschen war vor allem der Serienproduktion zur materiellen Existenzsicherung geschuldet. Die Serien stiften dabei zwar neue Identitäten, aber keineswegs die des emanzipierten Subjekts, sondern einen neuen Sozialkörper, dem wir uns zugehörig fühlen ("Ich gehöre dazu" lautete lapidar ein Autoaufkleber). Andy Warhols Kunst des Seriellen, eine Kunst, die nicht zufällig auch im Kunstmuseum in Wolfsburg präsentiert wurde, zielt ins Zentrum dieses Selbstverständnisses und soll uns, angesichts der drohenden Dauerüberforderung, in der industriell „vermassten“ Gesellschaft grandios sein zu müssen, vor der Gefahr schützen, zu platzen oder als Rädchen im Getriebe zu resignieren.

26 Vgl. hierzu die verschiedenen Beiträge einer Tagung hrsgn durch den ehemaligen VW-Betriebsrat Stephan Krull: „75 Jahre Stadt des KdF-Wagen“ / Wolfsburg. Volksburg – Wolfswagen, Ossietzky-Verlag, Hannover 2013

27 Siehe dazu auch Udo Riechert: Neubeginn im Schatten der NS-Tyrannei a.a.O. sowie ferner die fortgesetzte Diskussion über die Rolle Porsches im Nationalsozialismus wie etwa jüngst durch Stephan Krull.

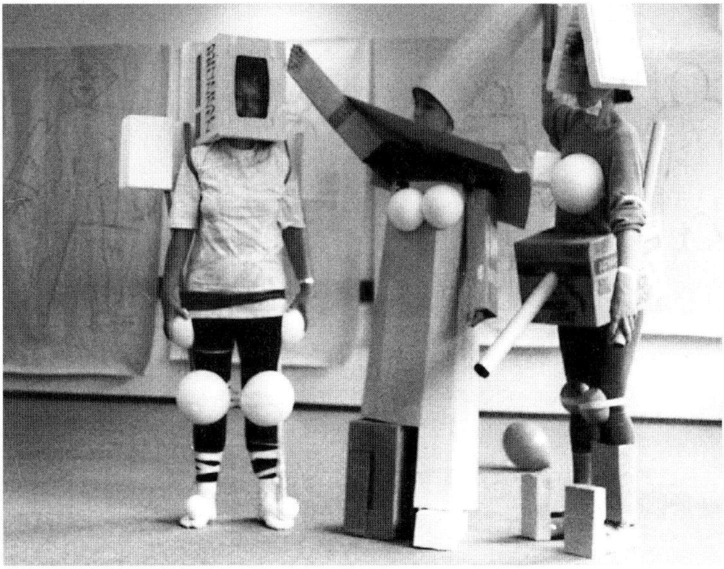

Seminar-Teilnehmer(innen) als „Serienmenschen“ Foto: Christine Grunert

Die „Wir sitzen alle in einem Boot“-Ideologie der CDU aus den 1960er Jahren ist neuen Begriffen gewichen: „Standort Deutschland sichern“ und „internationale Wettbewerbsfähigkeit erhalten“ gehören zu den wiederkehrenden Formeln. Diese werden von den Medien stereotyp verbreitet und haben in der Öffentlichkeit so eine breite Resonanz gefunden, dass weder ihre Grundlagen hinterfragt werden noch die Durchführung und Folgen der weitreichenden Deregulierungs- und Flexibilisierungsmaßnahmen durch Regierung und Unternehmen von oppositionellen Bewegungen aufgehalten werden.

Der neue sinnstiftenden Begriff aus den tonangebenden Unternehmerkreisen heißt nun „Wertschöpfungsgemeinschaft“ – ein Begriff, der die „Arbeitsplatzbesitzer“, wie abhängig erwerbstätige Arbeitnehmerinnen und Arbeitnehmer „aufwertend“ bezeichnet werden, zu Hochleistungen motivieren soll (vormals „deutsche Wertarbeit“) und ihnen gleichzeitig das Bewusstsein vermitteln soll, sich im Club der Tüchtigen von den Habenichtsen positiv abzuheben (Motto: „Ich gehöre dazu“).[28]

28 Natürlich werden manchen Leserinnen und Leser einwenden, was denn daran „schlecht“ sein soll,

Der Ausgleich der Interessengegensätze benötigt somit weder eine „Formierung" noch einen besonderen Harmonisierungsaufwand, denn zur „Gemeinschaft" zählen nur die „Besitzenden" an Kapital- oder Erwerbseinkommen, also auch der erwerbsabhängigen, die nun zu „Arbeitsplatzbesitzern" avancieren. Wolfgang Reitzle, Vorstandsmitglied der Firma BMW, formulierte die Botschaft an die „Arbeitsplatzbesitzer" so: „Die Menschen im Unternehmen müssen zu einer Wertschöpfungsgemeinschaft zusammenschmelzen und dies in ihrem Selbstverständnis verinnerlichen".[29]

Wenn Interessengegensätze geschichtlich überwunden wären, stellte sich die Frage nach Koalitionsrecht und gewerkschaftlicher Handlungsfähigkeit nur noch formal: Ist die Basis für solidarisches Handeln also in Auflösung begriffen, wenn sich Arbeitnehmerinnen und Arbeitnehmer in den „Adelsstand" der „Arbeitsplatzbesitzer" berufen fühlen und ihre private Altersvorsorge zunehmend dem Kapitalmarkt übertragen? Wer zahlt dafür den Preis? Chinesische Wanderarbeiter, indische Textilarbeiterinnen und verarmte Bauern? Oder nicht auch Menschen in den Industrieländern selbst? "Call it upwardmobility", so schreibt die schwarze Sängerin Tracy Chapman die Geschichte der Sklaverei in ihren Liedern fort.[30]

Verkommt Solidarität zur Illusion oder angesichts der kriegerischen Welt zur belanglosen Träumerei? Ist unser Zustand trotz des beschworenen Aufbruchs zur "Wissensgesellschaft" nicht eher bedenklich – und das nicht nur aufgrund rechtsextremistischer und rassistischer Phänomene? Oder aus der popmusikalischen Perspektive gesprochen: von Hannes Waders "Arschkriecherballade" aus den 1970ern zu "Du musst ein Schwein sein in dieser Welt" gesungen 1995 von den von den *Prinzen* – beschreiben

---

etwa an dem neu gewonnenen Nationalbewusstsein und dass schließlich im Ausland immer wieder mit Bewunderung von der Zuverlässigkeit und Disziplin deutscher Arbeitnehmer gesprochen wird. Eine Bemerkenswerte These formuliert Haug, wenn er von der „Faschisierung der Subjekte" spricht, was entweder ungesehen oder lediglich unter den Kategorien „Täuschung" und „Verführung" gestreift wurde. Haug, a.a.O., S. 158f.

In Deutschland lässt sich dieses Phänomen meiner Ansicht nach weder von den Verdrängungshaltungen gegenüber den nazistischen Massenmorden oder den Beteiligungen daran noch von einer durch „Arbeitserziehungslager" eingeprügelten und darüber hinaus angedrohten sowie weitgehend akzeptierten Arbeitsdisziplin als „Kulturbestandteil" der Nachkriegsgesellschaft trennen.

29 Wolfgang Reitzle „Die neue Rolle der Arbeitgeber" in: „Arbeit der Zukunft, Zukunft der Arbeit", Schäffer-Poeschel Verlag Stuttgart 1994, S. 220.

30 Tracy Chapman, Album Crossroads, Material World, 1989.

diese Songs nicht schon einen mentalgeschichtlichen Wandel im Umgang mit einer Freiheit, die häufig mit der mikroskopisch kleinen Teilhabe am Wachstum verwechselt wird?

Politische Bildung, die Selbstbestimmung und eigene Urteilsfähigkeit zum Ziel hat, wird mit den Arbeitnehmerinnen und Arbeitnehmern mehr denn je diskutieren müssen, inwieweit die Antagonismen noch komplexere und fast undurchschaubare Gestalt angenommen haben und etwa den Klassenkonflikt auch hierzulande nicht aufgelöst, sondern nur auf Kosten von Umwelt und Natur und durch kaum noch politisch steuerbare staatliche und private Verschuldungen verschoben haben. In den Talkshows wird zwar offen ausgesprochen, dass die nächsten Generationen die Rechnung begleichen müssen wird. Was aber nicht gesagt wird, ist, dass sie dies weiterhin unter antagonistischen Herrschaftsverhältnissen stattfinden wird. Das heißt, ein Teil der Bevölkerung wird weiter profitieren, ein anderer Teil weiter die Kosten tragen. Mit anderen Worten: Solidarisches Handeln wird für junge abhängig erwerbstätige Menschen eine Existenz-, wenn nicht sogar eine Überlebensfrage werden. Einen Vorgeschmack erleben wir gerade in Ländern wie Griechenland und Spanien, wo die Antagonismen der kapitalistischen Ökonomie gesamtgesellschaftliche, staatliche und internationale Krisen auslösen.

Welche Schlussfolgerung also?

Politische Bildung wird sich auch heute und in Zukunft der Phänomene annehmen, die Demokratie und Recht gefährden.

Wer sein Recht auf Bildungsurlaub für politische Bildung wahrnimmt, beabsichtigt in der Regel mehr als nur die berufliche Karriere zu fördern. Er ist für viele Arbeitnehmerinnen und Arbeitnehmer eine geistige Erweiterung ihres Alltags, um das eigene Selbstbewusstsein zu stärken und zusammen mit anderen Themen als Basis für Handlungsmöglichkeiten zu erkennen und zu diskutieren. Grundlage dafür ist nach wie vor die gemeinsame Abhängigkeit vom Verkauf der eigenen Arbeitskraft. Darüber hinaus zeigen die Entwicklungen in Ökonomie und Politik, dass Teilhabe, Recht und Mitbestimmung nicht die Geschenke höherer Mächte sind, sondern täglich neu und aktiv errungen werden müssen.

Eine der eingangs gestellten Fragen lautete, inwieweit sich politische Bildung bei ARBEIT UND LEBEN Wolfsburg einem neuen „Zeitgeist" aus liberalen Wirtschaftsprinzipien, Selbstvermarktung und egoistischen Karrieredenkens angepasst hat oder inwieweit die Seminare den veränderten gesellschaftlichen Entwicklungen Rechnung tragen ohne die ethischen und politischen Grundüberzeugungen aufzugeben. Der Weg, den Guérin Steichen mit seinen Teamerinnen und Teamern seit den 80er Jahren bis zu seinem Ausscheiden eingeschlagen hat, zeigt, dass die politische Bildung bei ARBEIT UND LEBEN Wolfsburg sich dieser Anpassung bislang nicht nur erfolgreich widersetzt hatte, sondern auch neue Zugänge und Diskurse initiierte, um die Wahrnehmung der Teilnehmerinnen und Teilnehmer auf vielfältigen Ebenen zu sensibilisieren. Die Erweiterung von Seminaren, die sich in erster Linie mit der betrieblich erfahrbaren Konfliktrealität befassten, um Themen, die die gesamte Bandbreite des Freizeit- und Konsumverhaltens aufgreifen, die gesamte kulturelle Dimension des Alltagslebens in den Mittelpunkt des Reflexions- und Lernprozesses stellten, bildeten eine authentische Antwort der Arbeiterbildung auf veränderte gesellschaftliche Entwicklungen.

Die Bildungsvereinigung ARBEIT UND LEBEN wird sich auch in Zukunft als ein unverzichtbarer und zuverlässiger Anbieter für politische Bildung profilieren müssen: unverzichtbar als Akteur bei der Bewahrung und Weiterentwicklung von Recht und Demokratie und zuverlässig als Partner für Arbeitnehmerinnen und Arbeitnehmer, die ihre Interessenlage und ihre Handlungsmöglichkeiten frei diskutieren wollen.

Guérin Steichen

„Zukunft zwischen Angst und Hoffnung“

Ein Seminarkonzept für die Bildungsarbeit in den Wohnbezirken der IG Metall Wolfsburg

Seit Ende der 1970er Jahre bietet ARBEIT UND LEBEN (A+L) Niedersachsen in den Wohnbezirken der IG Metall Wolfsburg Bildungsurlaubsseminare an, die inhaltlich auf die speziellen Anforderungen und Problemfelder der jeweiligen Region abgestimmt werden und generell gut besucht sind.

Das Seminarkonzept „Zukunft zwischen Angst und Hoffnung“ ist das Ergebnis eines Kooperationsprojektes der IG-Metall-Verwaltungsstelle und der Bildungsvereinigung A+L Niedersachsen e. V. in Wolfsburg.

Eine Arbeitsgruppe aus 18 Referent(inn)en von A+L und der IG Metall entwickelte dieses Seminarmodell und betrat im Rahmen von Wochenendworkshops und Tagesveranstaltungen methodisch-didaktisches Neuland.

Die besondere Bedeutung der Wohnbezirke für die Bildungsarbeit

Ausgangspunkt für die Überlegungen zur Wohnbezirksarbeit war die Erinnerung an die historischen Wurzeln gewerkschaftlicher Bildungsarbeit:

> *Die Organisationsform der deutschen Gewerkschaften war bis zu ihrer Zerschlagung im Nationalsozialismus eng auf die Wohnorte ihrer Mitglieder bezogen. In den Betrieben waren die Möglichkeiten für die gewerkschaftliche Arbeit stark eingeschränkt, die Präsenz in den Wohnorten war daher eine politische Notwendigkeit. Die vielfältigen Freizeitorganisationen und kulturellen Aktivitäten, welche die Alltagskulturen der Arbeiterbewegung vor allem in den zwanziger Jahren des vorigen Jahrhunderts prägten, waren ebenfalls am Wohnort orientiert. Nach 1945 wurde an diese organisationspolitische Gewerkschaftsstruktur kaum angeknüpft. Der Neuaufbau fand im Wesentlichen in den Betrieben statt. Die Spielräume für die betriebliche Gewerkschaftsarbeit waren durch die Etablierung sozialpartnerschaftlicher Beziehungen, das Betriebsverfassungsgesetz und die gesetzliche Festlegung von Mitbestimmungsrechten wesentlich größer geworden. Nur die IG Bergbau*

Übersichtskarte der Wohnbezirke im Einzugsgebiet der IG Metall Wolfsburg

und Energie sowie zwei Verwaltungsstellen der IG Metall in Dortmund und in Wolfsburg nahmen die traditionelle Organisationsstruktur in Wohngebieten wieder auf. [1]

1 Hielscher, V./Hildebrandt, E.: Weniger Arbeit – mehr Lebensqualität. Neue Arbeitszeitmuster bei der Volkswagen AG und ihre Auswirkungen auf die Lebensqualität der Beschäftigten. Forschungsbericht: Wissenschaftszentrum Berlin für Sozialforschung. April 1999. S. 221ff.

Die Aufteilung der Region Wolfsburg in Wohnbezirke ist also eine Besonderheit in der Gewerkschaftslandschaft der Bundesrepublik. Gewerkschaftsmitglieder, die in diesen räumlich begrenzten Gebieten (Städte/Samtgemeinden) leben, haben dort ihre regionalen Bezugspunkte.[2]

Die Durchführung von Bildungsurlaubsseminaren ist eine der wichtigsten Säulen gewerkschaftlicher Arbeit in den Wohnbezirken der Region Wolfsburg. Politisch-kulturelle Bildungsarbeit, verstanden als Mittel zur Emanzipation, löst dabei immer häufiger professionelle Erwachsenenbildner (z. B. Referent[inn]en von A+L) ab und setzt auf die aktiven IG-Metaller(inne)n aus den jeweiligen Regionen als Expert(inn)en für die Lebensbedingungen in den Wohnbezirken. Wir hoffen, dass die Beteiligung an Bildungsprozessen durch diesen Ansatz weiterhin deutlich steigt. Dieses Konzept soll den Kollegen und Kolleginnen einen offenen Orientierungsrahmen bieten, in dem sowohl die Interessen der Teilnehmenden als auch die Probleme vor Ort thematisiert werden können, eingebettet in den Zusammenhang wachsender gesamtgesellschaftlicher Widersprüche:

> „*Erfahrungen haben gezeigt, dass sich die Kontakte der Mitglieder untereinander sowie zu den Wohnbezirksleitungen verbessert haben. Durch die Teilnahme von Mitgliedern der Wohnbezirksleitungen an den BU-Seminaren ergeben sich vielfältige Möglichkeiten der Diskussion auch zu anderen politischen Themenbereichen. BU-Seminare tragen zur Stärkung des politischen Bewusstseins unserer Mitglieder bei.*“[3]

So verstandene Wohnbezirksarbeit braucht immer wieder neue Impulse, um zum eingreifenden Handeln motivieren zu können. So wurde die Idee, einen neuen Leitfaden für diesen besonderen Seminartyp zu erarbeiten von den Seminarleiter(inne)n, dem Bildungsträger A+L und den Verantwortlichen der IG Metall sehr positiv aufgenommen.

---

2 Ortsstatut der Industriegewerkschaft Metall, Verwaltungsstelle Wolfsburg. 16.04.1991. S. 13.

3 Aus einem Antrag der IG Metall: Finanzielle und personelle Situation bei der Bildungsvereinigung ARBEIT UND LEBEN Wolfsburg, Bildungsurlaubsseminare in den Wohnbezirken.

Teilnehmer(innen) im Seminar Foto: Gisela Stahl

Wohnbezirksarbeit aus Sicht der Sozialforschung

Zu einer ähnlichen Einschätzung der Bildungsarbeit in den Wohnbezirken kommt eine Untersuchung des Wissenschaftszentrums Berlin für Sozialforschung. Ihr Gegenstand waren die neuen Arbeitszeitmuster bei VW und ihre Auswirkungen auf die Lebensführung und -qualität der Beschäftigten:

> *„In Zusammenarbeit mit der Bildungsvereinigung A+L werden kontinuierlich einwöchige Bildungsurlaubsseminare z. B. unter dem Titel „Ökologie vor Ort" angeboten, die tagsüber in den Wohnorten stattfinden und durch eine stark praxis- und naturbezogene Ausrichtung geprägt sind. Durch die Wohnortnähe und die entfallende Übernachtung wird ein „niedrigschwelliges" Angebot an die Mitglieder im Wohnbezirk geschaffen. Die vergleichsweise gut besuchten Seminare stellen einen erfolgreichen Strang der lokalen gewerkschaftlichen Bildungsarbeit dar. In Einzelfällen entstand eine über Jahre währende Kontinuität der Teilnahme von Mitgliedern, die sonst nicht gewerkschaftlich aktiv sind. Ebenso sind von diesen Veranstaltungen auch vereinzelt kommunalpolitische Impulse für den lokalen Naturschutz ausgegangen, die nicht von vornherein intendiert waren."*[4]

Als weiteres wichtiges Aktionsfeld für die gewerkschaftliche Wohngebietsarbeit wird in der Studie das Engagement im kulturellen Sektor genannt. Als Beispiel dient nicht zufällig die Arbeit der Wohnbezirks-

---

4 Hielscher/Hildebrandt 1999. S. 226.

gruppe Meinersen, die Kabarettprogramme und Rockkonzerte angeregt und durchgeführt hat:

Mittlerweile sind die Akteure der lokalen IG Metall gefragte Kooperationspartner für die Künstler(inne)n der Region, aber auch für politische Parteien, wenn es um die Durchführung von kulturellen Veranstaltungen geht. Dieses Beispiel [die Wohnbezirksgruppe Meinersen, Anm. v. Verf.] zeigt, dass gerade im ländlichen Bereich eine kontinuierliche gewerkschaftliche Arbeit vor Ort zu einem kulturell ausstrahlungsfähigen Kristallisationspunkt werden kann. Eine wichtige Ressource dafür ist die soziale Nähe in den dörflichen Gemeinden.[5]

Eine aktuelle Standortbestimmung

Vieles hat sich in atemberaubender Geschwindigkeit verändert. Das meteorologische Klima des Planeten wird wärmer, das soziale Klima dagegen immer kälter. Die vernetzte „Informationsgesellschaft" greift nicht nur immer massiver in das Arbeitsleben der Menschen ein, sondern bestimmt auch zunehmend den Privatbereich der Menschen in bisher kaum einzuschätzenden Ausmaßen. Dienstleistungssektoren gewinnen auch in Wolfsburg gegenüber der Produktionsarbeit an Bedeutung (siehe Autostadt, WOB-AG). Die Konkurrenz auf dem Arbeitsmarkt wird härter (siehe 5000 x 5000). Zukunft scheint längerfristig nicht mehr planbar. Auch die „VW-Familie" ist „global" geworden."[6]

Die gewerkschaftlichen Gestaltungsanforderungen werden immer vielfältiger, gleichzeitig nimmt die Bereitschaft der Mitglieder zum öffentlichen Engagement ab.

Während sich die Konzerne zu immer größeren internationalen Wirtschaftseinheiten zusammen schließen und an Macht gewinnen, verlieren die Gewerkschaften bundesweit an Boden (Mitgliederzahlen, Bindung, Glaubwürdigkeit, Basisnähe, Durchsetzungskraft, Flexibilität, Internationale Solidarität etc.).

5 Hielscher/Hildebrandt 1999. S. 225.

6 Zu einer Einschätzung der gesellschaftlichen Folgen der Umstrukturierung bei VW in der Region und darüber hinaus, vgl.: Krull, Stephan: Das „Modell Volkswagen und die Reform des Arbeitsmarktes". Vom Labor- zum Feldversuch. Typoskript. Der Autor war Mitglied des Betriebsrates bei VW Wolfsburg sowie des Ortsvorstandes der IG Metall Wolfsburg.

Vor diesem Hintergrund wird der Stellenwert der Wohnbezirke aber nicht kleiner und die Bedeutung der gewerkschaftlichen Bildungsarbeit vor Ort nicht geringer, im Gegenteil. Glaubwürdigkeit und Basisnähe sind notwendig, um Durchsetzungskraft zu gewährleisten. Sie stellen Gewerkschaften vor neue Herausforderungen – sowohl in arbeits- und gesellschaftspolitischer Hinsicht als auch in Bezug auf die Organisationsstruktur.

> *„Im Mittelpunkt steht dabei die Aufgabe, die Bindung zwischen der sich ausdifferenzierenden Mitgliedschaft an die Organisation zu erhalten, die Intensität der Beteiligung zu erhöhen und die gewerkschaftliche Politik für die unterschiedlichen Problemlagen und Interessen der Mitglieder zu öffnen. In einer zu entwickelnden, diese Anforderungen aufnehmenden Umstrukturierung bei VW in der Region und in einer darüber hinausgehenden Strategie könnte die Gewerkschaftsarbeit im Wohnbereich einen wichtigen Baustein darstellen."*[7]

Geldmärkte und wirtschaftliche Aktivitäten großer transnationaler Konzerne im globalen Maßstab erschaffen anscheinend immer neue, komplexe „Wirklichkeitsschichten". Hierzu hat Oskar Negt in seinem Buch „Arbeit und menschliche Würde" einiges ausgeführt. Dass die Planung und Entwicklung international agierender Automobilproduktion zentral und damit weitgehend unabhängig von den Lebensbedingungen und dem kulturellen Lebensumfeld der arbeitenden Menschen gelenkt wird, ist für uns von besonderer Relevanz. Ihre Zielvorgaben sind in Mexiko, China, Tschechien oder Brasilien die gleichen wie in Wolfsburg oder Emden. Die Unterschiede in Sprache, Zeitbegriffen, Arbeitsauffassungen oder familiären Lebensbedingungen werden selten als Bereicherung verstanden, sondern vielmehr als Störfaktoren – abgesehen von den niedrigen Produktionskosten in den sogenannten Billiglohnländern. Diese neuen Wirklichkeitsschichten wirken massiv auf das Alltagsleben abhängig Beschäftigter ein, ohne die unterschiedlichen gewachsenen Strukturen zu berücksichtigen, und werden zunehmend abstrakter. Sie entfernen sich immer weiter von der Wirklichkeit der Menschen, dort wo sie leben und arbeiten.

---

7 Hielscher/Hildebrand 1999. S. 231.

Die Kraft, dem Sog solcher Abstraktionen zu wiederstehen, erwächst aus den gemeinsamen lebendigen Erfahrungen vor Ort. Politisch-kulturelle Bildungsarbeit hat die Aufgabe, mittels forschendem Lernen den Austausch über diese Erfahrungen und die Auseinandersetzung mit den regionalen und globalen Veränderungen zu ermöglichen sowie den Blick auf die konstruktive Gestaltung der lebendigen Wirklichkeit zu richten.[8]

Das bedeutet, das Aufgabenverständnis der Bildungsarbeit in den Wohnbezirken immer wieder neu zu reflektieren und zu formulieren. Die Erarbeitung eines Konzeptes für Bildungsurlaubsseminare in den Wohnbezirken hat die Aufgabe, einen Seminarleitfaden für die regionalen Expert(inn)en (i. d. R. gewerkschaftliche Referent(inn)en aus der jeweiligen Region) bereitzustellen, der die neuen Herausforderungen (forschendes Lernen) aufnimmt, um einen kontinuierlichen Diskurs einzuleiten.

Ein so verstandenes Bildungsangebot muss aus unserer Sicht folgende Anforderungen erfüllen:

- verbesserte, offene Seminarstruktur
- Berücksichtigung der Erfahrungen aus den Wohnbezirken
- Förderung von Problembewusstsein und Solidarisierungseffekten im Wohnbezirk
- Entwicklung eines Problembewusstseins für Eingriffsmöglichkeiten in der Region
- inhaltliche Stärkung der Wohnbezirks- und Ortsteilarbeit

Wohnbezirksarbeit in der Bildungspraxis – der methodische Ansatz

Weil die Arbeitsbedingungen das Alltagsleben der Menschen auch und gerade dann bestimmen, wenn Arbeitslosigkeit zum immer drängenderen Problem und echten Angstfaktor wird, steht die Arbeit zu jeder Zeit im Mittelpunkt gewerkschaftlicher Bildungsarbeit. Aber von oben bzw. außen sieht man besser. Deshalb konnten sich die Verfasser(inne)n des

8 Zu den „Wirklichkeitsschichten“ vgl. Negt, Oskar: Arbeit und menschliche Würde. Göttingen: Steidl, 2001. S. 60ff.

Konzeptes schnell auf den Standpunkt „distanzierte Nähe“ einigen. Das heißt, wir haben nach universellen (quasi globalen) Fragen gesucht, die sich jederzeit auch auf ganz konkrete Lebens- und Arbeitsbedingungen herunterbrechen lassen bzw. von solchen ausgehen.

Die Expertenerfahrungen der Seminarleiter(inne)n aus den Wohnbezirken sind dabei ebenso eingeflossen wie die Arbeitsergebnisse der vielen

Sicherheit

Linke Hälfte: Graustufen, eine ihrer Kleidung nach Geschäftsfrau, die Kompetenz ausstrahlt. Blick der Frau geht rüber in die rechte, grüne Hälfte.

Rechte Hälfte: Aufgeräumte Parklandschaft i. Vordergrund „Grün ist die Hoffnung“. Vorne klares, hinten verschwommenes Bild. Im oberen Drittel ein neblig weißes Loch. Schrift ist wie ein Schutzwall, damit der Betrachter nicht in ein dunkles Loch fällt (Sicherheitsversprechen). Wo Grün ist und etwas wächst, ist Leben. Das Logo von Pioneer ist da, wo der starke Baum wurzelt.

Geldanlage ist Sicherheit in der Zukunft.

Werbeanalyse von Teilnehmer(innen)

Teilnehmer(inne)n der A+L-Bildungsurlaube. Leitbild der Diskussionen über die Schwerpunktsetzung des Konzeptes war grundsätzlich das Prinzip des gemeinsam forschenden Lernens, das Grundlage jeder politisch-kulturellen Bildungsarbeit ist.

Ergebnis unserer auf praktischer Wohnbezirksarbeit fußenden Themendiskussion war die Wahl des Oberthemas *„Zukunft und ihre Gestaltung im Spannungsfeld zwischen Angst und Hoffnung“*.

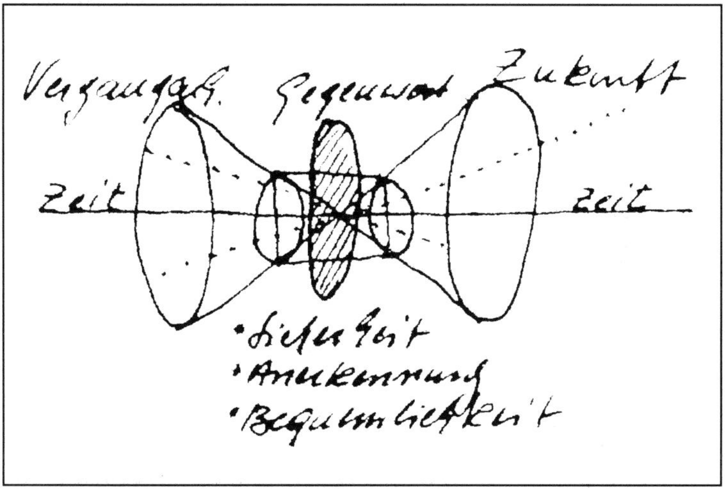

Skizze des Autors

Zukunft ist eine unbekannte Größe, und Unbekanntes macht Angst. Deshalb sind Planbarkeit und Zukunftssicherung in allen Bereichen sehr wichtig. Die Hoffnung auf eine „gute Zukunft“ ist ein starkes Motiv für die Arbeit in der Gegenwart, die sich nur gemeinsam gestalten lässt.

Zukunft zu thematisieren ist schon deswegen für die Bildungsarbeit in den Wohnbezirken wichtig, weil sich jedes private und öffentliche Engagement im engeren und weiteren Sinne auf eine konstruktive Zukunftsgestaltung richtet: Zukunftsgestaltung geht jede(n) an!

Inhaltlich ist damit der grobe Rahmen abgesteckt: Über die Erkundungen der Vergangenheit soll eine Position in der Gegenwart bestimmt werden, von der aus das gemeinsame Wollen für die Zukunft ausgelotet werden kann.

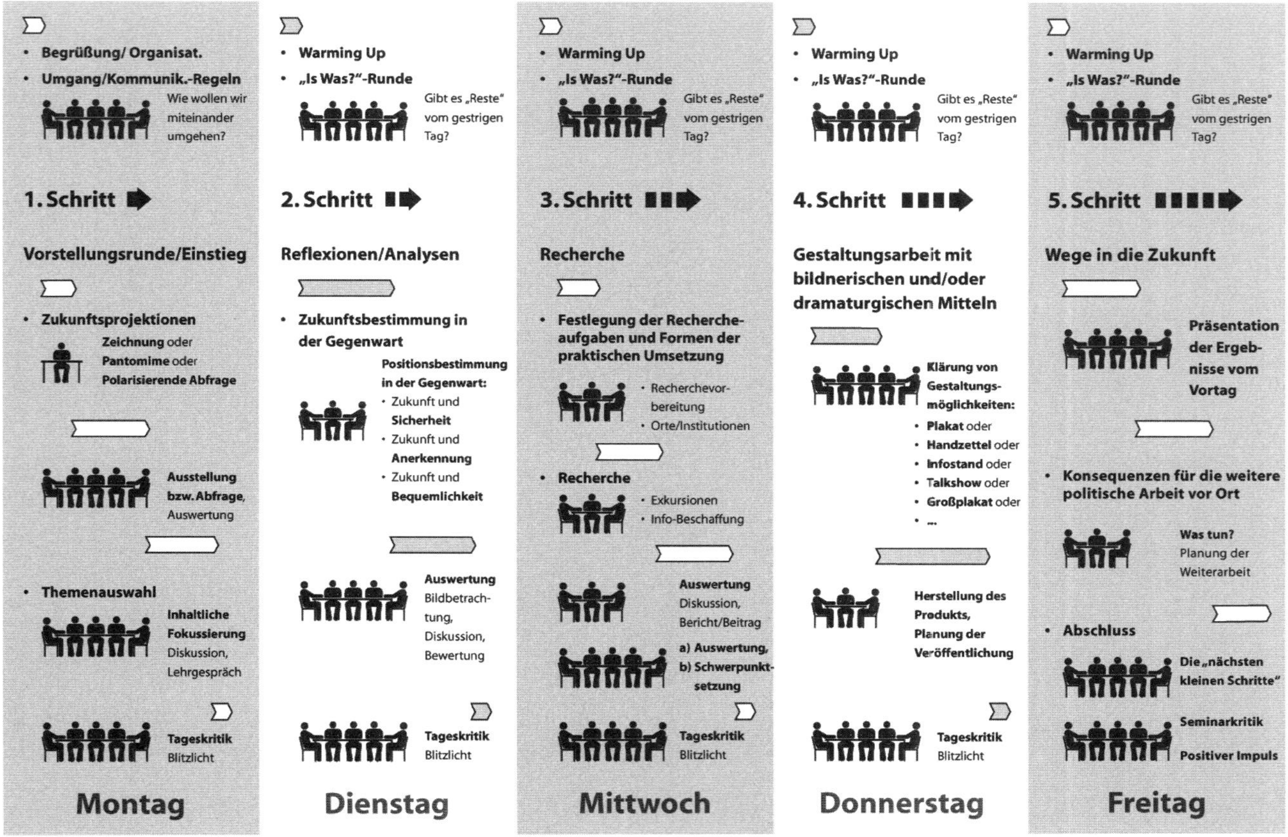

Wochenübersicht des Konzepts „Zukunft zwischen Angst und Hoffnung“ Grafik: K. Meier

Gestaltung von Collage-Plakaten Foto: Gisela Stahl

Der inhaltliche Rahmen belässt den regionalen Seminaren einen eigenen, vielfältigen Gestaltungsraum. Methodisch ist das Seminar so strukturiert, dass es sich entlang eines Leitfadens entwickeln lässt.

Die Arbeitsgruppe zum Thema Rentenabsicherung hat im Rahmen einer Diskussion drei Themenschwerpunkte (Triebmomente: stark motivierende Bedürfnisse sowohl im gesellschaftlichen als auch im individuellen Bereich) herausgearbeitet: *Sicherheit – Anerkennung – Bequemlichkeit.*

Die Vielzahl anhängiger Einzelthemen können nun diesen Stichworten zugeordnet und in Bezug auf sie geprüft und eingeschätzt werden. Diese Zuordnung hat sich auch in der Seminarpraxis als sinnvoll erwiesen, da die komplexe Struktur der Regionen und die Vielfalt der aktuellen Themenbereiche sonst leicht dazu führen, dass man den Wald vor lauter Bäumen nicht sieht.

Diese Triebmomente sind zwar an den Einzelnen gebunden und setzen an seiner inneren Gefühlswelt an, gleichzeitig finden sie sich aber in so gut wie allen gesellschaftlichen Organisationsstrukturen als motivierende Faktoren wieder. Als Beispiele dienten im Zuge der Entwicklung des Konzeptes unter anderem die BSE-Krise (Sicherheit in der Nahrungsmittelproduktion, Verbraucherschutz), Wahlbeteiligung, besonders bei Kommunalwahlen (Bequemlichkeit, keine Verantwortung übernehmen wollen), Umweltschutz (Zukunftssicherung gegen Bequemlichkeit, kaum Motivation durch gesellschaftliche Anerkennung) und geringes gewerkschaftliches Engagement (Bequemlichkeit versus Beteiligung an Zukunftsgestaltung).

Der themenübergreifende Reflexions- und Handlungsrahmen des Konzeptes ermöglicht es, die jeweiligen Gegebenheiten einer Region und Interessen der Bewohner(innen) in den Fokus eines Wohnbezirksseminars zu stellen, bei gleichzeitiger Einbettung in einen überregionalen Zusammenhang.

Eine kleine Auswahl regionaler Schwerpunktthemen bereits durchgeführter Pilotseminare soll die Spannbreite möglicher Themen aufzeigen:

Meinersen – Rassismus und Gewaltbereitschaft in der Schule

Neindorf – Vertrauensleutewahl bei VW

Gifhorn – interessenorientierte Raum- und Verkehrsplanung

Velpke – Verkehrsaufkommen und Sicherheit der Schulwege

Sassenburg – Zukunft der Arbeit in der Region

Seminarteilnehmer(innen) in ihrer selbstgestalteten Ausstellung Foto: Gisela Stahl

Mit dieser Seminarpraxis zielt unsere Bildungsarbeit mitten in das Leben der Mitglieder vor Ort.

Auch Orientierungsrahmen brauchen Bilder. Wir hoffen, dass durch unseren Ansatz viele bunte Bilder entstehen werden, die in den Rahmen passen, herausfallen oder ihn sprengen – je nach Interessenlage.

Die Inhalte dieses methodisch-didaktischen Konzeptes konnten hier nur ansatzweise vorgestellt werden. Interessierte können eine vollständige Ausführung bei ARBEIT UND LEBEN Niedersachsen in der Geschäftsstelle Wolfsburg zum Selbstkostenpreis bestellen.

Biografische Daten der Autoren

Rocco Artale

Geb. 1940 in Pescara (Italien), nach Schule und Militärdienst erste Reise 1961 nach Deutschland. Arbeit in der Zuckerrübenfabrik Groß Munzel als Fahrer eines Hochkrans. 1962 erneute Fahrt nach Deutschland, „Gastarbeiter" im VW-Werk.

1974 – 2000 Gewerkschaftssekretär der IG Metall und Mitglied des DGB-Kreisvorstandes. Seit 1991 Vorsitzender des Abbruzzen Kulturverein e. V. in Wolfsburg.

1996 Ratsherr der Stadt Wolfsburg: Mitglied des Ortsrates Detmerode bis 2006; Vorsitzender des Ausschusses für Ausländerangelegenheiten; Mitglied im Kulturausschuss sowie im Sportausschuss.

Von 1997 – 2006 Vorsitzender des Sportvereins USI Lupo Martini.

Seit 2001 Vorsitzender des italienischen Seniorenvereins in Wolfsburg.

2002 Verleihung des Ordens „Cavaliere al merito della Republica Italiana".

2012 Ehrenbürgerschaft der Stadt Wolfsburg.

Gerd Bruder

1937 geb. in Magdeburg.

1949 Umzug nach Duisburg Meiderich.

1952/55 Lehre Bauarbeiter Stukkateur.

1955 Mitglied IG Bau-Steine-Erden.

1963 Hörer an der 'Akademie der Arbeit' in Frankfurt a. M.

1964/65 Assistent an der 'Akademie der Arbeit' in Frankfurt a. M.

1965/80 B. v. ARBEIT UND LEBEN Nds. Braunschweig/Wolfsburg.

1980/90 DGB-Kreisvorsitzender Wolfsburg/Gifhorn.

1990/94 DGB-Kreisvorsitzender Magdeburg.

Stephan Krull

Geb. 1948, aufgewachsen mit drei Geschwistern in Hannover.

Hauptschulabschluss, Ausbildung und Berufstätigkeit als Schriftsetzer .

Aktiv in der Gewerkschaftsjugend, Mitbegründer der SDAJ, aktiv in der DKP bis 1989.

1985 Arbeiter in der Lackiererei bei Volkswagen in Wolfsburg, Mitglied des Betriebsrates, der Tarifkommission der IG Metall und des Ortsvorstandes der IG Metall bis 2006.

Aktiv in der Attac Arbeitsgruppe ArbeitFairTeilen.

Vorsitzender der Rosa-Luxemburg-Stiftung Niedersachsen.

Diverse Veröffentlichungen zu Volkswagen und zum Thema Arbeit/Arbeitsteilung/Arbeitszeitverkürzung.

Karsten Meier

Geb. 1956 in Lüneburg, nach der schulischen Ausbildung Studium der Kunstpädagogik und Arbeitslehre an der "Hochschule für Bildende Künste" in Braunschweig, 1. Staatsexamen.

Seit 1980 freiberufliche Lehrtätigkeit in Bildungsurlauben der BV ARBEIT UND LEBEN Niedersachsen e. V. und den Volkshochschulen Braunschweig und Wolfsburg sowie in politischen Seminaren und Kulturprojekten der gewerkschaftlichen Jugend- und Erwachsenenbildung (DGB, HBV, IG Medien, IG Metall und Postgewerkschaft).

1984 – 1985, Ausbildung für das Lehramt an Gymnasien in Salzgitter, 2. Staatsexamen.

1987 – 1990, wissenschaftliche Arbeit beim DGB-Bildungswerk Niedersachsen.

1990 – 1992 Projektleitung und kollektive Geschäftsführung in der Agentur „Büro für Gestaltung", .

Seit 1992 freiberuflicher Kulturpädagoge, Trainer, Coach, Grafiker und Künstler.

Seit 1996 pädagogischer Mitarbeiter der Bildungsvereinigung ARBEIT UND LEBEN, Niedersachsen e. V. in Teilzeit.

Guérin Steichen

Geb. 1952 in Luxemburg, nach der Schulausbildung Studium der Innenarchitektur an der Werkkunstschule Trier (später FH).

Arbeit in Luxemburg bei "Infraplan", einer Tochtergesellschaft der „Neuen Heimat" (ehem. Wohnungsbaugesellschaft des DGB).

Aktiv in der Gewerkschaftsjugend des LAV („Luxemburgischer Arbeiterverband" in der CGT später übergeleitet in den OGBL) und im Vorstand der Jugendorganisation der LSAP (Luxemburgische Sozialistische Arbeiterpartei).

Aufbaustudium an der HBK Braunschweig (BS) am Fb „Experimentelle Umweltgestaltung" Fachrichtung Architektur.

Seminartätigkeit für ARBEIT UND LEBEN (A+L), bundesweites Forschungsprojekt für A+L und Bundeszentale für politische Bildung, Lehraufträge am Fachbereich „Kulturarbeit und Erwachsenenbildung" der HBK in BS.

Ab 1980 Hauptamtlicher Pädagogischer Mitarbeiter für politisch-kulturelle Bildung bei der Bv. A+L in Wolfsburg. Umfangreiches Bildungsurlaubsangebot (BU), zahlreiche Ausstellungen z.T. in Kooperation mit der HBK BS und dem „ Schweizerischen Sozialarchiv Zürich" (Theo Pinkus). Diverse Veröffentlichungen zu den Themen „Geschichte der Arbeiterbildung", „Methodik und Didaktik der Arbeiterbildung" und zum „BU".

Gerhard Wysocki

Geb. 1952 aufgewachsen in Salzgitter.

Mittlere Reife, Ausbildung als Chemielaborant bei den Stahlwerken Peine-Salzgitter.

Aktiv in der Gewerkschaftsjugend.

Abitur am Braunschweig-Kolleg, Studium/Magister Artium in Politikwissenschaften und Geschichte.

Promotion zum Dr. phil. in Sozialwissenschaften an der Carl-von-Ossietzky-Universität Oldenburg.

Zuletzt beruflich tätig bei der Volkswagen Coaching.

In der politischen Bildung bei Arbeit und Leben seit 1979 engagiert.

Forschungsarbeiten und Veröffentlichungen:

Über internationale Wirtschafts- und Finanzbeziehungen,über die die Sozialgeschichte der Fremd- und Zwangsarbeit bei den Reichswerken sowie über die Geheime Staatspolizei im Land Braunschweig 1933 bis 1945.

Stephan Krull, Karsten Meier, Guérin Steichen, Gerhard Wysocki (Hg.)

„Wir sind noch nicht fertig!“

Beiträge zur politisch-kulturellen Bildungsarbeit von ARBEIT UND LEBEN in Wolfsburg

Impressum

Herausgeber:	© Stephan Krull/Karsten Meier/Guérin Steichen/Gerhard Wysocki Schöneworth Verlag 29413 Dähre Siedendolsleben 3 1. Auflage 2015
Titelgrafik:	Nach dem Plakat „Hommage für Theo Pinkus" von Georg Kiefer
Satz und Gestaltung:	Karsten Meier, Braunschweig
Lektorat:	Wortredaktion Silvia Vormelker, Berlin
Herstellung:	berger + herrmann gmbh
ISBN:	978-3-945081-05-1
Preis:	6,50 €

Dank an die Rosa-Luxemburg-Stiftung Niedersachsen, deren Kooperation und Unterstützung die Herausgabe dieses Buches erleichtert hat.

Rosa Luxemburg
Stiftung Niedersachsen e.V.